40
Geschichten

mit Bildern von
Hildrun Covi
erzählt von
Mario Covi

favorit-verlag
Die Kinderbuch-Leute

40

GUTE-NACHT-GESCHICHTEN

BERTHOLD
KANN ES NICHT LASSEN.

Seit Berthold, der kleine Biber, entdeckt hatte,
wie kräftig seine Nagezähne geworden waren,
raspelte er an jedem erreichbaren Zweig. Er konnte
es einfach nicht lassen, und das war auch gut so. Doch
Berthold wollte so stark wie Papa sein und richtige
Bäume fällen.
„Riesenbäume, am liebsten Mammutbäume!", gab
Berthold vor seiner Schwester an. Die aber lachte ihn
aus und neckte: „Da müsstest du ja ein Leben lang
nagen und sägen, um so einen Riesen zu fällen!"
Mama ermahnte Berthold: „Wir Biber fällen nur Laubbäume,
damit wir die leckeren Blätter und Zweige erreichen. Und das Holz
benötigen wir zum Bau unserer Dämme und Biberburgen."

Berthold tat so, als würde er Mama zuhören. In Gedanken aber träumte er
davon, wie er einen gigantischen Mammutbaum flach legte. . .
Da mischte sich Papa ins Streitgespräch: „Junge, begreif doch endlich, wir fällen
keine Bäume nur so zum Spaß. Und Nadelbäume schon gar nicht!"
Berthold war kleinlaut geworden. Seine Schwester nutzte die Gelegenheit,
um ihm rasch noch eins auszuwischen: „Übrigens sind Mammutbäume
auch Nadelbäume!"

Als die
beiden wieder
alleine waren, sagte
er angeberisch: „Ich gehe jetzt in den Wald und fälle Bäume."

„So, so, Bäume", sagte die Biberschwester schnippisch.
Da wurde Berthold wütend und schrie: „Ja, Bäume! Riesenbäume!
Ich mache sie platt! Den ganzen Wald mache ich flach!"
Dann watschelte er zornig zum Seeufer und schwamm davon.

In einer Lichtung am See stand eine wackelige Holzhütte in der ein
alter Waldläufer lebte. Vor der Hütte des Mannes aber breitete eine
schön gewachsene Birke ihre Äste aus. Bertholds Augen leuchteten, als
er das hellgrüne Blattwerk erspähte, das da im sanften Wind raschelte.
Er konnte es kaum erwarten, seine scharfen Zähne in das saftige Holz
zu schlagen.

Der kleine Biber merkte bald, welche Kraft es bereits erforderte, so
eine junge Birke umzusägen. Aber Biber sind hartnäckig, und irgendwann hatte es auch der kleine Berthold geschafft, seinen ersten Baum
zu fällen.

Holzfäller und erfahrene Biber wissen, wie gefährlich ein umstürzender Baum ist. Der kleine Biber aber erkannte die drohende Gefahr zu spät. Mit Knirschen und Krachen und lautem Blätterrauschen sauste die Birke zu Boden und begrub Berthold unter sich!

In der Hütte schlummerte der alte Waldläufer und träumte von einem rauschenden Wildwasserstrudel, in den er mit seinem Kanu hineingeraten war. Als das Rauschen mit einem Male verstummte, schreckte er hoch.

„Was für ein beknackter Traum!", brummte er und ärgerte sich, weil er am frühen Abend einfach so eingeschlafen war. Er hatte eigentlich noch so viel zu tun und schlurfte vor seine Hütte. Als er die umgestürzte Birke sah, schimpfte er:
„Donnerknall und Büchsenschuss!
Welcher Mistkerl hat mir meine schöne Birke flachgelegt?"

Da hörte er aus dem Astgewirr ein Wimmern. Rasch eilte er näher und sah den kleinen Biber. „Hilfe!", stöhnte Berthold, „ich bin eingeklemmt!"

„Anfänger!", knurrte der Waldläufer. Aber dann bekam er Mitleid mit dem kleinen Kerl und holte ihn behutsam unter der umgestürzten Birke hervor.

Es hatte Berthold tüchtig erwischt. Ein paar derbe Schrammen, die konnte er noch ertragen, aber sein Schwanz war gebrochen. Der alte Waldläufer tröstete ihn: „Keine Bange, mein Kleiner, das kriegen wir schon wieder hin. . .“

Und tatsächlich, der urige Hüttenbewohner kannte seine Waldläufertricks und verarztete den kleinen Biber fachgerecht. Um den gebrochenen Schwanz zu schienen, nahm er einfach eine Fliegenklatsche. „Ich hätte auch 'n Kochlöffel nehmen können, aber den brauch' ich noch. Die Fliegenklatsche sieht zwar bescheuert aus, hahaha, aber irgendwie auch wieder eindrucksvoll!“

Daraufhin setzte er Berthold in sein Kanu und paddelte zur Biberburg, wo die Biberfamilie voller Angst und Sorge auf den verloren geglaubten kleinen Berthold wartete.

ERNA LANGWEILT SICH

Mama Bär saß in der gemütlichen Bärenstube und strickte. Das Bärenmädchen Erna hockte zu ihren Füßen und sagte: „Mama?"
„Ja, mein Kind?", antwortete Mama Bär.
„Mir ist so langweilig", stöhnte Erna.
„Dann spiel doch ein wenig", sagte Mama.
„Aber was soll ich denn spielen?" jammerte Erna. Mama schaute ihr Kind liebevoll an und schlug vor: „Wie wäre es, wenn du mit deiner neuen Puppe spielen würdest?"

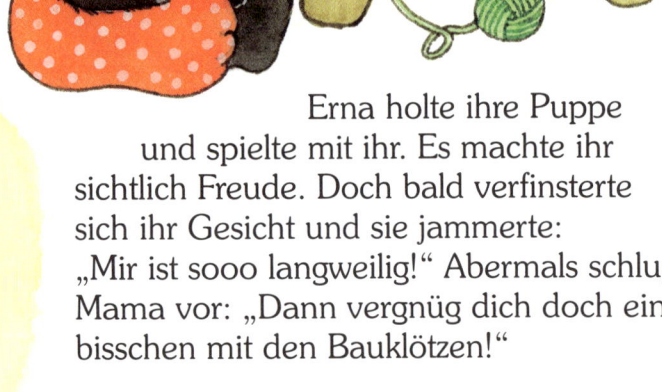

Erna holte ihre Puppe und spielte mit ihr. Es machte ihr sichtlich Freude. Doch bald verfinsterte sich ihr Gesicht und sie jammerte: „Mir ist sooo langweilig!" Abermals schlug Mama vor: „Dann vergnüg dich doch ein bisschen mit den Bauklötzen!"

Erna spielte mit den Bauklötzen und baute allerlei Türme und Brücken. Den größten Spaß machte es natürlich, all die Bauwerke mit Gepolter einstürzen zu lassen. Nach einer Weile aber kam die altbekannte Jammerstimme: „Mama, mir ist ja sooooo langweilig!"
„Ach Kindchen, dann dreh doch ein paar Runden auf deinem Roller!", schlug Mama vor.

Hui! Welch ein Vergnügen es war, auf dem Roller um den Bärenstubentisch zu fegen!

Einige Tage später bekam Erna Besuch von ihrer Freundin Dora. Mit viel Gekicher und Getuschel begrüßten sich die Freundinnen.

Im Bärenkinderzimmer hielt es Erna nicht mehr aus. „Du, ich kenne ein ganz tolles neues Spiel", sagte sie und Dora meinte: „Dann lass es uns doch gleich mal spielen!" Rasch erklärte sie Dora die Regeln. Dann setzte sie sich in einen Sessel, tat so, als ob sie strickte und lächelte Dora an. Dora aber schaute ganz traurig und jammerte: „Mama, mir ist ja sooo langweilig!" „Ach Kindchen", sagte Erna, „dann spiel doch ein bisschen mit deiner neuen Puppe!"

Erna und Dora spielten das Mir-ist-ja-so-langweilig-Spiel abwechselnd mehrmals durch und hatten einen irren Spaß damit.
Als Erna am nächsten Tag wieder allein mit Mama Bär in der Bärenstube saß, hörte man bald die altbekannte Jammerstimme:
„Mama, mir ist ja sooo langweilig!"

DAS TRAURIGE STINKTIER

Das kleine Stinktier war betrübt. Einsam und alleine saß es da und langweilte sich sehr. Es wurde noch trauriger als es die anderen Tierkinder bei ihren fröhlichen Spielen beobachtete.

„Keiner will mit mir spielen", dachte das Stinktier und hätte am liebsten geweint.

Die herumtobenden Tierkinder schielten ab und zu zum kleinen Stinktier hinüber. „Guck mal, da sitzt der Stinker!", rief das Eichhörnchen und lachte höhnisch. „Iiih! Der stinkt ja wie ein Katzenfurz!", kicherte das Kaninchen. „Hau bloß ab du Stinksack!", pöbelte der Igel, und alle lachten sich über das einge-schüchterte, einsame Stinktier kaputt.

Das war jeden Tag so und das Stinktierkind fühlte sich immer elender. Eines Tages fasste sich der kleine Biber ein Herz und ging zum Stinktier. Vorsichtig kam er näher und sagte: „Hallo!" – „Hallo. . ." antwortete das Stinktier schüchtern und versuchte zaghaft zu lächeln. Der kleine Biber ging noch einen Schritt näher, schnüffelte an dem Stinktier und sagte erstaunt: „Du stinkst ja gar nicht."

Da rief der Biber seine Spielkameraden:
„He, kommt mal her! Der Stinker hier, der stinkt überhaupt nicht!" – Alle
kamen neugierig angerannt. Jeder schnüffelte an dem traurigen eingeschüchter-
ten Stinktierkind und alle mussten zugeben: „Wirklich, nichts zu machen,
der Stinker stinkt einfach nicht!"

Die Spielkameraden waren sehr erstaunt und wussten nicht, was sie nun tun
sollten. Da fragte das Kaninchen: „Aber warum wirst du Stinktier genannt?" –
Etwas mutiger geworden antwortete das Stinktierkind: „Wir Stinktiere haben
eine Stinkdrüse. Damit können wir uns wehren, wenn uns jemand was Böses
antun will. Das würdet ihr doch auch tun, oder?" –

„Aber klar!", kicherte das Eichhörnchen. „Den Bösewicht würde ich tüchtig
anstinken. Und meine scharfen Nagezähne benutzen!"
„Ich auch!", schrie das Kaninchen aufgeregt, „stinken und beißen!"
„Und wie!", rief der Igel begeistert. „Dem würde ich meine Stacheln in den
frechen Bösewichthintern rammen!" –

Allen Tierkindern machte es irrwitzigen Spaß, zu beschreiben,
wie sie sich gegen einen Bösewicht zur Wehr setzen würden.
Sie merkten gar nicht, wie sie mit einem Male ganz ungezwungen
mit dem kleinen Stinktier herumalberten.

Der kleine Biber schlug schließlich vor: „Kommt, lasst uns Fangen spielen.
Ich glaube, unser neuer Freund ist bestimmt ein flinker Läufer."

Von diesem Tag an hatte das Stinktierkind Spielkameraden und Freunde.
Und es musste nie wieder so traurig sein wie früher, als es sich stets so einsam
und alleine gefühlt hatte.

KEVIN UND
DIE COMPUTER-DADDLER

Kevin lebte in einem kleinen Ort, der von Wäldern und lieblichen Hügeln umrahmt war. Ein See am Dorfrand rundete das malerische Bild ab. Eigenartig war nur, dass die Bewohner trotz des strahlenden Sonnenscheins in ihren Häusern blieben. Sie hockten alle vor Flimmerkästen und Computern und daddelten stumpfsinnig vor sich hin. . .

Auch im Haus, in dem Kevin mit seinen Eltern und seinem älteren Bruder Ralf wohnte, flimmerte der Fernseher von früh bis spät in die Nacht. Irgendjemand zappte von Zeit zu Zeit durch die Kanäle und ließ die Glotze auf irgendeinem Programm weiterdudeln. Papa saß vor seinem Computer und arbeitete und wenn er eigentlich Feierabend gehabt hätte, blieb er sitzen und surfte im Internet. Mama guckte entweder Fernsehserien oder daddelte auf ihrem eigenen Computer.

Ralf hatte den besten Rechner von allen. Aus seinem Zimmer hörte man es zischen und ballern, dröhnen und krachen. Niemand durfte Ralf stören. Von Zeit zu Zeit stellte Mama einen Teller mit Schokoriegeln oder Hamburgern vor seine Zimmertür. Er hatte das Essen mit einer E-Mail bei Mama bestellt. Und wenn Mama mal einen Apfel auf den Teller legte, blieb dieser unangetastet liegen. Kevin fand, dass Ralf ein echter Kotzbrocken von einem Bruder war.

Klar, auch Kevin hatte einen Computer. Er gehörte früher mal Ralf. Aber der hatte natürlich sämtliche Spielkonsolen behalten und auch alle Ballerspiele gelöscht. So vertrieb sich Kevin halt so gut es ging die Langeweile, daddelte herum, spielte, surfte, fummelte und brachte die Kiste immer wieder zum Absturz. Anfangs versuchte er noch, bei Papa um Rat zu fragen. Doch dann hieß es immer: „Tut mir leid, jetzt geht es wirklich nicht!"

Kevin probierte so lange herum, bis sein Rechner wieder funktionierte. So richtig glücklich war er aber nicht. Er spürte, dass dieses Leben kein wirkliches Leben sein konnte. Er fühlte sich sehr einsam und traurig. Und zornig! So daddelte er weiter und tippte wie ein Irrer auf der Tastatur herum. Er war auf dem besten Wege, ein Computer-Hacker zu werden. Totalen Blödsinn gab er ein: QXQX Schrägstrich, Doppelpunkt, YV, Schrägstrich 357, und so weiter. . . Dann knallte er auf die Enter-Taste.

Da aber machte es einfach „Pitsch!!!" – und die Welt stand still. Nein, nein, die Erde drehte sich weiter um die Sonne. Aber die kleine Welt in Kevins Dorf stand still. Der elektrische Strom war weg und es herrschte eine fremdartige Stille. Kein Rechner summte mehr, Monitore und Bildschirme wurden schwarz, kein Modem zirpte, kein Drucker quietschte und keine Festplatte surrte mehr. Es war schlichtweg unglaublich!

Was war das denn? Von draußen hörte Kevin Vogelgezwitscher. Kinder schrien, Erwachsene riefen und fragten erstaunt: „Was ist eigentlich los?" – „Der Strom ist ausgefallen!" – „Wie geht's euch denn, lange nicht gesehen!" – „Ist ja tolles Wetter draußen!" – Die Menschen entdeckten sich selbst, ihre Nachbarn und ihre Umgebung völlig neu. . .

Kevins Vater rief verärgert: „Was ist das denn für 'ne . . ." Und dann benutzte er das Wort, das Kindern immer verboten wird, auszusprechen. Kevins Mutter rief: „So ein Mist, jetzt kann ich ja gar nichts in die Mikrowelle schieben!"
Kevin stellte sich vor seine Eltern und schlug vor: „Wir könnten ja draußen Grillen und ein Picknick machen."

Da stürzte ein bleichgesichtiges, rotäugiges Monster aus Ralfs Zimmer und rief: „Grillen? Mensch, das ist eine coole Idee!" –
Kevin überlegte, wann er Ralf zum letzten Mal gesehen hatte. . .

So kam es, dass sich die Bewohner des kleinen Ortes vor den Häusern trafen. Sie plauderten miteinander und luden sich gegenseitig zum Bratwürstchenessen ein. Die Kinder spielten und tobten herum. Und Ralf und seine Schulkameraden hatten plötzlich wieder Zeit, mit den großen Mädchen herumzualbern und groß anzugeben. Mit Camping-Kochern, Eisboxen, Kerzenlicht und Taschenlampen kam man auch ohne Strom zurecht. Alle fanden es richtig aufregend und abenteuerlich – bis nach drei Tagen die Panne behoben und der Strom wieder da war.

Alle eilten zurück zu ihren Computern und entdeckten, wie gut es ihnen getan hatte, ein paar Tage ohne die Flimmerkisten ausgekommen zu sein. Aber, immer dann, wenn Kevin meinte, dass die Menschen im Dorf wieder anfingen vor ihren Computern zu verblöden, tippte er die geheimnisvolle Formel in die Tastatur. Und stets machte es "Pitsch!!!" – und für zwei, drei Tage erwachte der Ort zu neuem Leben.

ANNABELLA UND GRABENHEINRICH

Das Mäusemädchen Annabella hatte sich mit dem
Maulwurf Grabenheinrich angefreundet.
Stolz zeigte der Maulwurf der niedlichen Annabella sein
weit verzweigtes System von unterirdischen Gängen
und Tunneln. Es machte den beiden großen Spaß,
durch die Erdröhren zu flitzen und Verstecken zu
spielen. Annabella fand es witzig, wie eine Wiese
von unten aussah. Überall hingen die feinen
Wurzeln der Gräser herab. Oft gab es auch wilde
Karottenwurzeln, die dem Mäusemädchen ganz
vorzüglich schmeckten.

Natürlich spielte Annabella auch oben im Wiesen-Dschungel mit den anderen
Mäusen. Es war herrlich, wenn die Sonne das Mäusefell wärmte. Aus kräftigen
Halmen bauten sich die Mäusekinder Körbe, Spielhäuser oder Schaukeln. Sie
neckten die Käfer oder ärgerten die dicke Kröte ein bisschen. Manchmal halfen
sie auch den Erwachsenen beim Sammeln der Grassamen.
Annabella fragte Grabenheinrich: „Warum kommst du nie nach oben zum
Spielen?"
„Ich war noch nie dort oben", antwortete der Maulwurf. „Hier unten ist es doch
prima, mir gefällt es in meinen Höhlen und Gängen."

Annabella versuchte, ihren Freund davon zu überzeugen, wie schön es oben im Sonnenschein sei.

„Oh nein, Tageslicht, das könnten meine Augen doch gar nicht ertragen!", rief der Maulwurf entsetzt und hielt sich wie zum Schutz seine großen Grabschaufeln vor die halbblinden Knopfaugen.

Annabella ließ nicht locker. Mit süßer Mäusemädchen-Piepsstimme beschrieb sie die bunte Welt dort oben auf der Wiese so verlockend, dass Grabenheinrich schließlich weich wurde und einverstanden war.

Annabella hatte vorgesorgt und eine mausig-kleine Sonnenbrille organisiert, damit Grabenheinrich vom Licht nicht geblendet wurde. Außerdem hatte sie ihrem Freund versprochen, erst bei Sonnenuntergang nach oben zu krabbeln.

Grabenheinrich war sprachlos, als er mit Annabella in der Wiese saß und den lodernden Sonnenuntergang erlebte. Die Luft war voller Geräusche. Und dann der Duft des lauen Sommerabends! Grabenheinrich konnte nicht anders, er musste dieses Glücksgefühl loswerden und legte seinen grobschlächtigen Grabschaufelarm um die zarte Mäusemädchenschulter. „Dass ich das erleben durfte, ach, das verdanke ich nur dir!", säuselte er überglücklich.

In ihrem romantischen Glück bemerkten die beiden zu spät, wie sich eine Katze auf leisen Pfoten anschlich. Als Annabella die spitzen Ohren des Räubers erblickte, schrie sie: „Achtung! Kaaa-tze!!!". In Todesangst rannten sie davon. Doch wo sollten sie hin? Sie waren zu weit vom Maulwurfhügel und zu weit von den Mäuselöchern entfernt. . .

Die Katze hatte aber die Rechnung ohne den Maulwurf gemacht. Grabenheinrich machte seinem Namen alle Ehre und buddelte in Blitzesschnelle einen steilen Tunnel in die Erde. Da flogen die Erdbrocken nur so! Annabella wurde kräftig damit eingedeckt. Aber auch der Katze flogen die dicken Brocken nur so um die Ohren – und bevor sie sich richtig die Augen reiben konnte, waren die beiden einfach verschwunden. Sie waren im wahrsten Sinn des Wortes wie vom Erdboden verschluckt.

Unten angekommen sagte Grabenheinrich noch ganz außer Atem: „Es war unvergesslich! Aber ich glaube, ein zweites Mal werde ich mir das nicht antun."

DIE WUNDERLICHE FAMILIE SAURUS

Fogo   Papa   Mama   Drago   Pudi

Auch bei den Dinosauriern gab es Familien, die ein wenig anders waren als die übrigen Familienverbände. So galten Vater und Mutter Saurus als ziemlich komisch. Das war eher im Sinne von wunderlich oder schrullig gemeint. Andererseits konnten sie tatsächlich witzig sein. Vor allem Papa Saurus hatte es gut drauf, die anderen Dinos mit lustigen Blödeleien zu unterhalten. Doch es gab genug sturköpfige Dinosaurier, die der Ansicht waren, dass sich die Familie Saurus gefälligst so zu benehmen hätte, wie es sich für ordentliche Dinos gehörte. Wenn Vater Saurus das zu spüren bekam, sagte er immer lachend: „Schon recht, ihr wollt doch nur, dass wir genauso langweilig leben wie ihr selbst. Den Gefallen tun wir euch aber nicht!"

Kein Wunder, dass auch die Kinder der Familie Saurus etwas aus der Art schlugen. Der älteste Sohn hieß Drago, seine kleinere Schwester Pudi, und der jüngste Sohn wurde Fogo genannt. Einige übellaunige Klatschmäuler meinten natürlich: „Die drei sind doch allesamt irgendwie beknackt!"

Viele hielten Drago für einen Radaubruder. Klar, er war in den Flegeljahren, tobte mit seinen Altersgenossen querfeldein und durch jede Schlucht. Aber er war pfiffig und neugierig und kam auf die verrücktesten Ideen. Einmal fand er einen kugelrunden Stein. Und was machte Drago? Er rief alle seine Freunde zusammen und veranstaltete ein Saurierfußballspiel! Das dröhnte derart, dass einige annahmen, ein Erdbeben erschüttere den urzeitlichen Landstrich.

Die kleine Pudi war dagegen ein richtig süßes Dinoschnuckelchen. Papa und Mama waren sehr stolz auf ihre Kleine.
Pudi wirkte völlig harmlos. Doch irgendwann fing sie an, ihre Farbe zu wechseln. Und das zu einer Zeit, da

waren die Chamäleons von der Natur doch noch gar nicht erfunden worden! Pudi tat dies zunächst heimlich. Je nach Lust und Laune wurde sie mal grün, mal blau, mal rot, oder gleich so bunt wie ein Regenbogen.

Eines Tages zeigte sie sich ihrer Familie in bunter Farbenpracht. Papa und Mama hielten vor Entsetzen die Luft an. Mama schimpfte: „Kind, lass diesen Unsinn! Stell dir vor, du würdest erschreckt! Da könnte es passieren, dass du deine Farbspielerei nicht mehr rückgängig machen kannst. . ."

Fogo war noch zu klein, um richtigen Unsinn zu machen. Wenn Papa seinen Jüngsten liebevoll beim Spielen beobachtete, kam es ihm manchmal so vor, als würde sich auch bei Fogo irgendeine Eigentümlichkeit entwickeln.

Drago hatte angefangen, Stimmen zu imitieren. Es machte ihm Riesenspaß, seine Spielkameraden total irre zu machen. Mit verstellten Stimmen beschimpfte er sie, so dass sie sich gegenseitig die Schuld zuwiesen:
„Du hast mich Schwabbelklops genannt!" – „Und du hast mich vulkanfurziges Stinkgesicht beschimpft!" –
„Wer, ich?" – „Ja, du! Hab ich doch genau gehört!!!" – Es war einfach toll, fand Drago, wenn er die wütenden kleinen Dinos davon abhalten musste, sich gegenseitig zu verprügeln.

Eines Tages schlich sich Drago an eine Gruppe plaudernder Dinosaurier heran. Mit dröhnendem Stampfen brach er dann plötzlich aus dem Hinterhalt hervor und machte das grauenhafte Röhren und Fauchen eines Tyrannosaurus Rex nach: „Wooooaaaarrrrch!!!!"

In Todesangst rannten die Saurier wie aufgescheuchte Hühner in alle Richtungen davon. Nur ein kleines Dinomädchen blieb verlassen auf dem leeren Platz stehen. Es wäre ein Leckerbissen für einen wirklichen Riesensaurier gewesen – oder, vielleicht auch nicht?

Die kleine Pudi hatte nämlich die irrwitzigsten Schreckfarben angenommen. Drago bekam den Schock seines Lebens. „Wenn ich gewusst hätte, dass du hier bist. . .", wollte er sagen. Er konnte aber nur noch kleinlaut „We-we-wu-wu-hätt-tät-tät", stottern und brabbeln wie ein Baby.

Mit Sicherheit wäre einem Tyrannosaurus Rex bei Pudis Anblick der Appetit vergangen. Er hätte sich bestimmt gesagt: „Ich will mich doch nicht vergiften!" Ob er aber auch angefangen hätte zu stottern? –
Das allerdings werden wir leider nie erfahren können.

BERTHOLD ENTSCHULDIGT SICH.

Bestimmt wollt ihr wissen, was aus Berthold, dem kleinen Biber, geworden ist. Erinnert euch: Der alte Waldläufer hatte ihn zu seiner besorgten Familie zurückgebracht. Während der ganzen Aufregung hatte weder Papa noch Mama Biber dem freundlichen Mann richtig danken können. Der Waldläufer war einfach mit seinem Kanu davon gepaddelt.

Klar, dass Papa Biber seinem Sohn am liebsten eine gewischt hätte, so verärgert war er. Aber er wusste auch, dass das nicht richtig gewesen wäre, zumal Berthold bereits genug bestraft worden war. Mit seinem Fliegenklatschenschwanz sah er so bekloppt und jämmerlich aus, dass ihn Papa und Mama einfach nur tröstend umarmen konnten.

Ein paar ermahnende Worte waren allerdings angebracht. Und diesmal hörte der kleine Biber auch zerknirscht zu und sah ein, dass er sich dumm benommen hatte.
„Der arme alte Waldläufer hatte bestimmt viel Freude an der schönen Birke vor seiner schäbigen Hütte", sagte Mama vorwurfsvoll.
„Sobald dein Fliegenklatschenschwanz verheilt ist, wirst du dich bei dem Waldläufer entschuldigen!" sagte Papa.

Glücklicherweise heilen junge Biberschwänze sehr schnell. Der kleine Biber war wieder so richtig gut drauf und hätte am liebsten abermals damit angegeben, den ganzen Wald platt machen zu wollen. Doch er erinnerte sich seiner Dummheit von neulich und beschloss, zur Waldläuferhütte zu schwimmen.

Schüchtern näherte sich Berthold dem alten Mann, der dabei war, mühsam einen Stamm zurechtzusägen. „Ich möchte mich entschuldigen wegen neulich", druckste er herum. Der Waldläufer knurrte nur, kratzte sich aber dann am Kopf und überlegte laut: „Du könntest mir natürlich helfen, Bäume für ein neues Blockhaus zu fällen. Dann wären wir wieder quitt!"
„Oh ja, das würde ich gerne tun", sagte der kleine Biber und der alte Mann meinte lachend: „In dem alten Verschlag würde sich sogar ein Stinktier unglücklich fühlen, nicht wahr?"

25

Der alte Waldläufer suchte die passenden Bäume aus, und gemeinsam sägten und nagten sie die schlanken Stämme zurecht. Während einer Arbeitspause schwamm Berthold schnell nach Hause und holte die ganze Familie als Verstärkung. Es war eine Freude, wie nun die Späne flogen, wie gesägt, gehobelt, gehämmert und gewuchtet wurde. Der Waldläufer konnte es kaum fassen, wie schnell das kleine Blockhaus Form annahm. Schließlich konnte der alte Mann tatsächlich in sein neues Häuschen einziehen. Er strahlte vor Glück und sagte: „Die alte Stinktierbude war ja wirklich nicht mehr bewohnbar. Aber das neue Häuschen, Donnerknall und Flintenschuss, das ist einfach toll geworden. Ich weiß gar nicht, wie ich euch danken soll!"

Da winkten die Biber bescheiden ab und Berthold sagte: „Ich müsste mich dafür bedanken, dass du mich so freundlich behandelt hast. Nun sind wir also quitt, einverstanden?"
„Klar sind wir quitt!", sagte der glückliche Waldläufer.
„Und wir sind Freunde, einverstanden mein Kleiner?"
„Aber sicher!", sagte der kleine Biber stolz
und schwamm mit seiner Familie zurück
zur Biberburg am anderen Ende
des Sees. . .

JOE, DER BOOGIE-BÄR

Der Bär Joe war ein begnadeter Musiker.
Seine Stimme war tief und schmeichelnd.
Sie konnte aber auch urig und rau sein.
Er liebte jazzigen Rock'n'Roll, konnte den
Blues singen wie kein Zweiter und ver-
suchte sich auch ab und zu an coolen
Hiphop-Songs.

Joe spielte auch eine Reihe
Musikinstrumente. Mit seinem Kumpel
Bill, dem bärigen Bassmann, übte er
fleißig für das nächste Konzert. Wenn
Joe auf den Tasten des Pianos den Boogie
hämmerte, dann tanzte bald die halbe
Nachbarschaft und rief: „Lauter, Joe!
Gib ihm Stoff!"

Als Joe einmal in Afrika war,
hörte er ein Xylophon mit einem
so wundervoll warmen Klang,
dass er ausrief: „So ein Ding
muss ich unbedingt haben!"

Die freundlichen Afrikaner
erklärten ihm: „Das ist
ein Balaphon, das heißt
‚Sprechendes Holz‘."

So kam es, dass Joe aus Afrika
ein Balaphon mitbrachte
und auf dem Instrument
ein regelrechter
Meister wurde. Es war
ein pures Vergnügen,
wenn Joe auf dem
Balaphon spielte und mit
rauer Rockröhrenstimme
sein „Daba-daba-boogie-
woogie-schubi-daba-dubi-
duuuu!!!" sang.

Joe war auch ein Schleckermaul.
Wie alle Bären riskierte er Kopf
und Kragen, um an Honig zu
gelangen. Diesmal aber
zerstachen die Bienen Joes
Tatzen, als er ihnen den Honig
klauen wollte. Nun war guter
Rat teuer! Mit den verbundenen und schmerzenden
Tatzen konnte Joe
natürlich keine
Schlagstöcke halten,
um das Balaphon zu
spielen.

„Was mach ich nur!",
rief Joe verzweifelt.

Bill, der bärige Bassist
sagte: „Ich hab' da eine Idee!"

Am nächsten Tag erschien Bill zum Üben
und hatte einen regelrechten
Kleintier-Zoo im Gefolge. „He,
was soll der Kindergarten hier?
Wir wollen doch musizieren!"
rief Joe unwirsch.

„Wart's ab, du Brumm-
dösel!", sagte Bill und
winkte Frösche, Mäuse,
Eichhörnchen und eine
dicke Amsel heran.
„Darf ich vorstel-
len", sagte er, „deine
Tonleiter!".

Joes verdutztes Gesicht
sah sehr komisch aus. . .

Doch Joe verstand sehr schnell, was Bill gemeint hatte. Er setzte die kleinen Gehilfen auf die einzelnen Tonhölzer und sagte: „Wenn ihr auf eurem Tonholz hochhüpft, dann gibt es einen Ton, sobald ihr wieder landet. Runterfallen ist absolut verboten, kapiert? Wir üben jetzt erst einmal die Tonleiter. . .“

Joe setzte das größte Eichhörnchen auf das tiefe C, die dicke Amsel auf das D, ein kleineres Eichhörnchen auf das E.

„E für Eichhörnchen passt ja prima, also kommt einer der Frösche aufs F“, sagte Joe. Da zwitscherte die Amsel: „Dann muss ich aber aufs A!“

„Du bleibst auf dem dicken D!“, sagte Joe streng. „Für die hohen Töne brauche ich die Mäuse und den kleinen Frosch. Also, hopp hopp ihr Hüpfer, rauf auf G und A und H und das kleinste Mäusemädchen auf das obere C! Und nun aufgepasst: die Tonleiter lautet C D E F G A H C.“

Nach der Tonleiter wurden Dreiklänge geübt: „Nun bitte C, E und G gleichzeitig, also Eichhorn, Eichhorn, erste Maus!", kommandierte Joe wie ein Orchesterchef. Es war erstaunlich, wie rasch die kleinen Tonleiterhüpfer lernten, Joe auf dem Balaphon zu ersetzen.

Das Konzert wurde ein grandioser Erfolg. Eigentlich war es fast schon eine Zirkussensation, als Joe mit Bill und seinem lebenden Balaphon auftrat und ober-super-rattenfetzig loslegte:
„Daba-daba-boogie-woogie-schubi-daba-dubi-duuuu!!!"

STUMMELNASE

Am Tana-Fluss in Ostafrika lebte einst
ein kleiner Elefant, der putzmunter
und rundum gesund war. Er hatte
nur einen etwas zu dick und zu kurz
geratenen Rüssel. Das sah eigentlich
sehr putzig aus. Trotzdem wurde
er geneckt und gehänselt. Auch
Elefantenkinder können gemein
sein. Die boshaftesten unter
ihnen riefen „Stummelnase!
Stummelnase!" hinter ihm her.
Das kränkte den kleinen
Elefanten sehr.

Im Fluss lebten auch viele Nilpferde.
An Land wirkten sie plump und
schwerfällig. Im Wasser aber waren sie
perfekte Schwimmer. Vor allem konnten sie aus-
gezeichnet tauchen. Eines Tages freundete sich der
kleine Elefant mit einem Nilpferdmädchen an. „Wie heißt du denn?",
fragte der Elefant. „Tana-Kiboko", antwortete das Nilpferdkind artig.
„Oh, so ein schöner Name", sagte der kleine Elefant traurig. „Mich nennen
alle Stummelnase."
„Das ist aber gemein!", empörte sich Tana-Kiboko und sagte:
„Ich werde dich Kidogo nennen, einverstanden?"

Tana-Kiboko und Kidogo wurden unzertrennliche Spielkameraden.
Das Nilpferdmädchen zeigte Kidogo, wie man taucht. Anfangs hatte der kleine
Elefant so seine Schwierigkeiten damit. Doch bald klappte es
richtig gut. Da heckten die beiden
einen Streich aus.

Kidogo tauchte und näherte sich unter Wasser einer Gruppe junger Elefanten, die ausgelassen im Wasser tobten. Es waren jene Rabauken, die ihn immer so geärgert hatten. Unter Wasser rammte er sie mit seinem kräftigen dicken Rüssel. Da schrien die Elefantenkinder entsetzt auf: „Ein Krokodil! Nein, überall Krokodile!" Und sie liefen ängstlich trompetend ans nahe Ufer.

Da tauchte Kidogo prustend auf und rief: „Hallo ihr feigen Angsthasen, ihr werdet doch nicht vor einer kleinen Stummelnase davonlaufen!"

Die großen Elefanten hatten das Schauspiel beobachtet und konnten sich vor Lachen kaum halten. Einige riefen: „Toller Trick, Kidogo!" Es war keiner dabei, der den Spottnamen „Stummelnase" aussprechen mochte.

Einige Tage später spielten Kidogo und Tana-Kiboko wieder einmal am Ufer, nicht weit von ihren Familien. Aber niemand ahnte, dass ein hungriger Löwe im hohen Gras lauerte.

Kidogo platschte gerade im Fluss, während das Nilpferdmädchen im Ufersand spielte, als der Löwe aus dem hohen Gras hervorpreschte und sich auf Tana-Kiboko stürzte. Elefanten und Nilpferde schrien entsetzt auf. Die Elefanten trompeteten so laut sie konnten und eilten zur Hilfe. Die Nilpferde strampelten sich wie wildgewordene Raddampfer ab, dass das Wasser nur so schäumte. Aber alle waren viel zu weit entfernt, um der kleinen Tana-Kiboko helfen zu können.

Da füllte Kidogo seinen Rüssel mit Wasser. Und weil sein Rüssel so dick war, passte eine tüchtige Portion hinein. Dann schoss er wie ein geölter Blitz auf den Löwen zu. Wie eine Kanone war der prall gefüllte Rüssel drohend auf den Löwen gerichtet – und wie aus einer Wasserkanone donnerte er der Raubkatze eine volle Ladung ins Gesicht.

Das war zu viel für den wasserscheuen Löwen. Huschig wie ein Kaninchen flüchtete er in panischer Angst davon. Die besorgten Elefanten und Nilpferde aber jubelten dem kleinen Helden zu, der die kleine Tana-Kiboko so tapfer gerettet hatte.
Seit jenem Tag will jeder, egal ob Elefantenkind oder Nilpferdbaby, Kidogo zum Freund haben!

REGINAS NEUE REGENJACKE

Schon immer hatte sich Regina diese eine Regenjacke gewünscht. Mama hatte aber stets gesagt, dass sie zu teuer sei. Doch nun hatte sie die Regenjacke als Überraschung zum Geburtstag bekommen. Regina war sehr glücklich.

Endlich regnete es. Schnell zog Regina ihre neue Regenjacke an und eilte nach draußen. Stolz wollte sie in ihrem neuen Kleidungsstück spazieren gehen. Kaum war sie aus dem Haus gelaufen, da schien die Sonne vom Himmel. Enttäuscht ging Regina wieder nach Hause.

Am nächsten Tag regnete es. Jubelnd rannte Regina in ihrer neuen Regenjacke auf die Straße.

Doch da lachte die Sonne schon wieder und hatte die Regenwolken vertrieben. Am Tag darauf schaute Regina aus dem Fenster. Hurra! Es regnete! Wie ein geölter Blitz schlüpfte Regina in ihre geliebte neue Regenjacke und war schon draußen vor dem Haus. Ein paar Regentropfen spürte sie noch, als die Sonne bereits hinter den Wolken hervorblinzelte. Am folgenden Tag ließ Regina ihre Regenjacke am Kleiderhaken hängen. Es regnete zwar, doch Regina wusste ja, dass gleich die Sonne scheinen würde. Aber, es regnete weiter und es regnete und regnete und Regina wurde richtig pitsche-patsche-nass!

Schlecht gelaunt zog Regina am nächsten Morgen die Regenjacke an.
Es regnete kräftig. Aber irgendwie war es schon verhext, denn kaum war sie aus
dem Haus, da hörte es auf zu regnen. Da wurde Regina noch schlechter gelaunt
und schrie „Was soll ich nur tun?!" – Mama sagte: „Ach, nimm es einfach gelassen. Das Wetter ist wie das Leben. Man kann nie wirklich vorhersagen, wie es
sein wird." –
Papa meinte: „Nenn' doch deine schöne neue Regenjacke einfach Wetterjacke.
Wetter ist doch immer, egal ob es regnet oder die Sonne scheint!"

Regina hatte aber eine bessere Idee: „Vielleicht sollte ich das Wetter hereinlegen.
So, wie es mich immer an der Nase herumführt!"
„Wie willst du denn das machen?" fragten Mama und Papa.
Da lachte Regina und sagte: „Wenn ich Sonnenschein will, dann zieh' ich meine
schöne neue Regenjacke an. Ihr werdet sehen, der Regen hört sofort auf. Und
wenn unsere Blumen im Garten Regen brauchen, na, dann mache ich einen
Spaziergang in der Sonne – und lasse meine schöne neue Regenjacke zu Hause
am Kleiderhaken hängen!"

PUMMELPETER UND FLITZEFRIEDA

Mama und Papa Bär hatten viel
Freude an ihren Kindern.
Frieda und Peter entwi-
ckelten sich zu gesunden
Bärenkindern. Auch Mamas
großer Bruder, Onkel
Bärmann, freute sich über
die Kleinen im Bärenwald.
Frieda hatte ein zimtfarbenes
Fell. Peters Pelz war dagegen
schwarzbraun. Die Geschwister
wuchsen heran und konnten bald auf
die höchsten Bäume klettern oder über die
Sommerwiesen tollen. Wenn sie Fangen spielten, sah man Frieda wie einen
zimtbraunen Blitz davonflitzen. Wen könnte es da wundern, dass Frieda den
Spitznamen Flitzefrieda bekam.

Peter hingegen wurde zusehends bequemer. Er verspürte kaum mehr Lust,
mit Flitzefrieda um die Wette zu rennen.
„Was ist los mit dir?", fragte Flitzefrieda ihren Bruder.
„Ich weiß auch nicht. . .", sagte Peter und legte sich in die Sonne,
um sein Fell wärmen zu lassen.
„Du bist ein richtiger Faulpelz", meinte Frieda lachend und flitzte fröhlich davon.

Nur der Hunger konnte Peter dazu verleiten, seinen faulen Pelz durch den Wald zu bewegen. Und Peter hatte dauernd Appetit. Eigentlich war das völlig normal, denn alle Bären haben einen Bärenhunger. Sie müssen sich für den langen Winterschlaf eine gesunde Fettreserve anfressen. Peter hatte allerdings ein besonderes Problem. Auf seinen Streifzügen war er einmal ziemlich weit bis an den Rand des Bärenwaldes vorgedrungen. Dort hatte er schließlich einen derart verlockenden Duft eingeatmet, dass ihm die Spucke nur so im Maul zusammengelaufen war. Was war geschehen?

Peter hatte den Abfallhaufen von Mäck-Roland entdeckt. Dort lagen all'
die angebissenen Hamburger und Pommes, die von den Gästen des
Schnellrestaurants nicht aufgegessen worden waren.
Peter schlemmte, bis ihm schier
der Bauch platzte. . .

Es war ganz offensichtlich: Peter wurde immer dicker. Seine Schwester neckte ihn: „Na, du kleiner Pummelpeter? Bist du schon zu dick, um mich zu fangen? Bald kannst du dich nicht mal mehr am Ohr kratzen, so fett wirst du!"

Nicht nur Pummelpeters Eltern machten sich Sorgen. Auch Onkel Bärmann wollte wissen, was da schief lief mit seinem dicken Neffen.
Heimlich beobachtete er Pummelpeter und schnell war klar, wo sich Peter seine pummeligen Pfunde anfraß!

Als Freund klarer Worte sagte Onkel Bärmann zu Pummelpeter: „Mit diesem Reingefresse von Gammelhamburgern und fettranzigen Pommes ist ab sofort Schluss! Um jeden Mäck-Roland machst du einen ganz, ganz großen Bogen, verstanden!"

„Ja, Onkel", murmelte Pummelpeter kleinlaut. Aber Onkel Bärmann war immer noch in Fahrt: „Lass doch die Menschen dieses Zeug essen! Lass sie doch dick werden bis sie vor Fettleibigkeit platzen! Aber wir Bären machen solch einen hirnrissigen Quatsch nicht mit!" Mein lieber Scholli, das war vielleicht eine Standpauke!

Aber die polterigen Ermahnungen von Onkel Bärmann zeigten Wirkung. Pummelpeter lernte rasch, wie lecker Blaubeeren oder knackfrische Morgentau-Schnecken mundeten, wie gut gesundes Bärenfressen schmecken konnte. Bald war er wieder der bewegliche kleine Bär. Er wurde zwar nie so flink wie Flitzefrieda, konnte aber mutig bis in die Baumwipfel klettern. Und zwar ohne gleich wie ein nasser Sack am untersten Ast hängen zu bleiben, weil man halt so pummel-pommes-dick war. . .

Ob der kleine Bär seinen Spitznamen behalten hat? Alle riefen ihn weiterhin liebevoll „Pummelpeter!". Und Pummelpeter fand seinen Spitznamen eigentlich ganz nett, vor allem jetzt, da er kein Gramm Fett zu viel unter seinem schwarzbraunen Pelz spazieren trug!

SATSCH-KWATSCHEL BEKOMMT NASSE FÜSSE.

Es gibt Menschen, die heißen Max Müller oder Anna Schmidt. Andere müssen etwas mehr Luft holen, um auf die Frage „Wie heißt du denn?" zu antworten. Jasmin-Chantal Oberleitner-Fritzenkötter etwa. Das ist aber immer noch kurz im Vergleich mit Kwawankel-Mata-Tatanka-Tapata-Okwatscha-Satsch-Kwatschel.

So jedenfalls nannte sich ein kauziger Indianer, der in den Wäldern Kanadas lebte. Satsch-Kwatschel, so nennen wir ihn jetzt einfach mal, hatte einen schönen Lagerplatz gefunden. Sein Tipi stand am Ufer eines Baches in einer großen Blumenwiese. „Einfach perfekt!" jubelte er. „Hier kann ich mich vom Gequatsche meiner Stammesbrüder erholen, heia-hoh-ha-ho!"

Satsch-Kwatschel hielt sich nämlich für einen schweigsamen Kerl. Er hätte es wirklich besser wissen müssen. Denn er galt als der redefreudigste Geschichtenerzähler an den Lagerfeuern seines Stammes. Ja, er war ein drolliger Kauz. In Wirklichkeit verzog er sich nur deshalb in die Stille der Wälder, um sich in Ruhe gepfefferte Geschichten ausdenken zu können.

Was Satsch-Kwatschel beim Aufbau seines Lagers nicht bedacht hatte, erlebte er am nächsten Morgen. Über Nacht war der Bach über die Ufer getreten und hatte die Wiese überflutet. Quitsch-quatsch machten die Mokassins. „So ein vermaledeiter Quitschel-Quatschel-Quatsch!", empörte er sich, als er aus dem Zelt trat. „Ich hasse nasse Füße! Vor allem dann, wenn es meine eigenen sind!", schimpfte er und pitsch-patschte verärgert im Kreis herum.

Da vernahm er eine Stimme: „Heia-hoh! Bist du nass geworden großer Bruder?" – Der Indianer traute seinen Augen nicht, als er einen jungen Biber vor sich stehen sah. „Tut mir leid", sagte dieser. „Das Wasser oben am See war so hoch gestiegen, dass es unseren Biberdamm weggerissen hat. Ach übrigens, ich heiße Berthold. . ."

„Und ich heiße Kwawankel-Mata-Tatanka-Tapata-Okwatscha-Satsch-Kwatschel und hasse nasse Füße!", sagte der Indianer. Dann fuhr er lachend fort: „Aber ich liebe meine Brüder, die Tiere – vor allem so freundliche Biber wie du einer bist, Berthold!" – Dann überlegte er laut: „Von dir habe ich schon gehört, ja, ja, da hatte mir mal ein Waldläufer eine Geschichte erzählt von einem Biber, dem er den gebrochenen Schwanz mit einer Fliegenklatsche zusammengeflickt hatte, heia-hoh-ha-ho!" –

Der kleine Biber musste sich die uralte Geschichte anhören. Dann aber besann sich der redefreudige Indianer und schlug vor: „Ich könnte dir ja beim Dammbau helfen." –

„Das wäre wirklich sehr liebenswürdig", bedankte sich Berthold artig. Also zogen die beiden zum gebrochenen Biberdamm.

Dort waren bereits alle Biber des Sees damit beschäftigt, den geborstenen Damm zu reparieren. Und mittendrin wuchtete ein alter Waldläufer die dicksten Stämme. Natürlich, das war er, der verwegene Kerl aus den Wäldern, der die Fliegenklatschen-Biberschwanzgeschichte zum Besten gegeben hatte. „Heia-hoh-ha ho! Was für ein Wiedersehen!" lachten die Männer.

Nachdem der Damm ausgebessert worden war, stand auch bald Satsch-Kwatschels Tipi wieder auf trockenem Boden. Der kauzige Indianer aber überlegte: „Wenn ich hier bleibe, werde ich zwar trockene Füße haben. Eine bessere Geschichte wird mir aber bestimmt nicht einfallen." –

Also machte sich Satsch-Kwatschel schnell auf den Heimweg, um am Lagerfeuer die Geschichte vom geborstenen Biberdamm und den nassen Füßen zu erzählen. „Denn ich hasse nasse Füße! Heia-hoh-ha-ho!"

ISABELS PUPPE

Isabels Puppe hieß Christina. Isabel liebte Christina über alles. Sie spielte mit ihr den ganzen Tag. Sie musste bei jeder Mahlzeit mit am Tisch sitzen. Die Puppe wurde überallhin mitgenommen. Oft musste sie sogar mit Isabel aufs Klo. Und natürlich schlief sie bei Isabel im Bett.

Manchmal baute Isabel in ihrem Kinderzimmer für Christina eine Puppenwohnung. In einer Ecke entstand die Küche. Dort stellte Isabel ihren kleinen Küchenherd hin, suchte in den Spielzeugkisten nach Töpfen und Pfannen bis alles perfekt war. Auch ein Wohnzimmer richtete sie ein. Als Möbel dienten kleine Kästchen, Schachteln oder Spielklötzchen.

Ihr wisst ja selber ganz genau, wie man mit Fantasie beim Spielen aus allem etwas machen kann. Da wurden aus Flaschenverschlüssen Puppentassen, aus einem Salzstreuer eine Stehlampe, aus Papas Rasierpinsel eine Zimmerpalme oder aus Mamas kleinem Schminkspiegel ein Fernsehgerät für Christina.

Eines Tages kamen Freunde zu Besuch und brachten ihren Hund Tobi mit. Tobi war ein wuseliger junger Mischling, der gleich mit jedem spielen wollte. Isabel war Feuer und Flamme und tobte mit Tobi durch die Wohnung.

Dann rief Mama: „Schluss jetzt Isabel, komm zu Tisch, wir wollen Tee trinken und Kuchen essen!"

Das ließ sich Isabel kein zweites Mal sagen, denn Mamas Apfelkuchen war der beste auf der ganzen Welt. . .

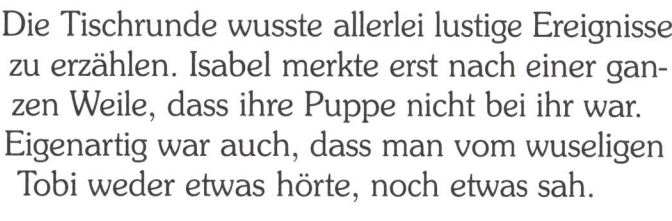

Die Tischrunde wusste allerlei lustige Ereignisse zu erzählen. Isabel merkte erst nach einer ganzen Weile, dass ihre Puppe nicht bei ihr war. Eigenartig war auch, dass man vom wuseligen Tobi weder etwas hörte, noch etwas sah.

„Wo ist eigentlich euer Tobi?", fragte Mama. Isabel hatte eine böse Ahnung, schaute erschreckt ihre Mama an und lief rasch ins Kinderzimmer.

Im Kinderzimmer lag Tobi ganz friedlich in einer Ecke und blickte Isabel treuherzig an. Doch wo war Christina? Als sie einen zerzausten Haarschopf unter dem Hundefell hervorschauen sah, schrie sie wütend: „Tobi!!! Gib mir meine Puppe wieder!!!"

Das verstand Tobi als Aufforderung für ein weiteres wildes Spiel. Er sprang hoch und sauste mit der Puppe im Maul davon. Er beutelte die arme Christina wie einen nassen Lappen und bellte Isabel auffordernd an: „Fang mich doch! Fang mich doch!"

Aber Isabel schrie wie am Spieß, so, als ob sie selber von einem riesigen Monsterhund gebeutelt würde. Endlich brachten die Erwachsenen den fidelen Hund dazu, sein vermeintliches Spielzeug loszulassen. Was für ein Bild des Jammers! Christinas Schlafaugen waren eingedrückt, ein Arm hing gebrochen am Schultergelenk und ihr schönes Kleidchen war nur noch ein Fetzen. . .

Isabel heulte ihren Schmerz hinaus wie eine Sirene. Nein, sie wollte sich nicht trösten lassen. Sie wollte schreien, schreien, schreien! Doch irgendwann musste sie auch Luft holen – und just in diesem Augenblick sagte Mama: „Wir müssen zum Puppendoktor! Hörst du mich?"

„Puppendoktor?" fragte Isabel und schluchzte herzzerreißend. Mama erklärte ihr, dass es ganz in der Nähe einen Puppendoktor gäbe. . .

Der Puppendoktor war sehr freundlich und sagte zu Isabel: „Mach dir keine Sorgen um deine Christina. Aber bis morgen musst du noch warten, dann habe ich sie wieder ganz gesund gemacht."

Und tatsächlich, als Isabel ihre Puppe am folgenden Tag abholte, war sie wieder völlig in Ordnung. Die Schlafaugen klimperten, der Arm war beweglich wie immer – nur ein neues Kleidchen hatte sie an. Aber damit konnte sich Isabel abfinden.

Überglücklich schloss sie Christina in die Arme und schwor sich, Tobi nie wieder, aber wirklich nie, nie wieder in ihr Kinderzimmer zu lassen!

HOPPELHASE HERIBERT HAT EIN PROBLEM.

Heribert war ein sportlicher Hoppelhase. Jeden Tag trainierte er. Schon am frühen Morgen, oft war es noch dunkel, flitzte er los. Er wollte unbedingt in den Verein der schnellen Hasen aufgenommen werden. Dieser Club stellte nämlich jedes Jahr seine Besten als Osterhasen zur Verfügung.

Eines Morgens rannte Hoppelhase Heribert los und lag bereits – hoppel-di-rumms! – nach wenigen Schritten auf der Nase.

„Grabenheinrich! Du vermaledeiter Buddelheini!" schimpfte Heribert, rappelte sich hoch, rannte weiter und – hoppel-di-rumms! – lag er schon wieder auf der Hasennase. Was war geschehen? Heribert war über zwei frisch aufgeworfene Maulwurfhügel gefallen. Diese heimtückischen Stolperfallen lagen genau auf seiner Laufstrecke. Wütend rief Heribert: „Grabenheinrich, mach deine Hügel gefälligst woanders!"

Doch Grabenheinrich war viel zu beschäftigt, um auf das Geschrei zu achten. Er war nämlich dabei, einen dritten und noch viel größeren Erdhaufen hoch zu drücken. Kaum war Hoppelhase Heribert wieder unterwegs, da riss ihn genau dieser dritte Maulwurfhügel von den Beinen und er lag – hoppel-di-rumms! – schon wieder auf der schmerzenden Hasennase.

Nun war er richtig in Fahrt und brüllte: „Graaa-ben-heinrich!!!" –
Es dauerte eine Weile bis sich der Maulwurf ans Tageslicht,
das er eigentlich gar nicht mochte, hochgebaggert hatte.
„Was ist denn los?", fragte er.
„Wie, was ist los!", schimpfte Heribert und zeigte auf die großen Erdhügel.
„Ja, und?", sagte Grabenheinrich. „Das sind Maulwurfhügel. Die mach' ich
immer so."
„Aber nicht auf meiner Laufstrecke. Da stolpere ich doch dauernd!",
sagte Heribert und der Maulwurf lachte: „Du solltest halt elegant wie ein
Hürdenläufer über die Hügel springen!"
„Blödmann!", pöbelte der Hase.
„Hügelhoppler!", pöbelte der Maulwurf zurück und verschwand unter der Erde.

Am nächsten Morgen lief Heribert wieder los. Diesmal achtete er auf die drei
Maulwurfhügel und übersprang sie lässig. Er fand, dass er das richtig gut machte, dass er es mit jedem durchtrainierten Sportler aufnehmen könnte. Aber –
hoppel-di-rumms! –
da lag Heribert auf der Hoppelhasennase. Grabenheinrich hatte während der
Nacht einen vierten Hügel errichtet. Genau auf Heriberts Laufstrecke!

Abermals brüllte Heribert mit vor Wut zitternder Stimme: „Graaa-ben-heinrich!!!" – Doch statt des Maulwurfs stand plötzlich das pfiffige Mäusemädchen Annabella auf dem Maulwurfhaufen und machte dem zornigen Hasen klar, dass sich Grabenheinrich eigentlich vorgenommen hatte, nie mehr ans Tageslicht zu gehen. „Seine Augen sind doch fürs helle Sonnenlicht viel zu empfindlich!", erklärte Annabella.

„Und meine Nase ist viel zu empfindlich, um dauernd darauf zu fallen!", erwiderte Heribert schon etwas ruhiger. „Ich kann ja mal mit Grabenheinrich reden", schlug Annabella vor. „Wenn er seine Erdhügel weiter nach rechts in die Wiese verlegen würde, dann hättest du freie Bahn für dein Lauftraining."

Hoppelhase Heribert war einfach baff und fragte: „Das würdest du für mich tun?"

„Na, klar", antwortete das Mäusemädchen. „Grabenheinrich ist ein guter Freund. Das wird schon klappen!"

So einfach war Heriberts Problem aus dem Weg geräumt. Grabenheinrich verlegte seine Buddeltätigkeit und schob die Maulwurfhügel dort hoch, wo sie Heribert nicht mehr störten. Und Heribert schaffte es sogar, als einer der Schnellsten in die Osterhasen-Liga gewählt zu werden! So kam es, dass am Ostersonntagmorgen auf den Maulwurfhügeln als Dankeschön bunte Ostereier lagen. . .

DIE ÄNGSTLICHE ANASTASIA

Das Hotel ‚Zum Alten Fürstenschloss' war sehr beliebt. Aus der ganzen Welt kamen Gäste, um dort zu übernachten. Es hatte sich nämlich herumgesprochen, dass es im Fürstenschloss spukte. Es soll ja tatsächlich Menschen geben, die sich unbedingt erschrecken und fürchten möchten. Für die war das Hotel ‚Zum Alten Fürstenschloss' gerade richtig.

Es gab da allerdings ein Problem. Die Gespenster waren alt und müde geworden. Ja, es gab einfach nicht mehr genug von ihnen. Und so mancher Gast beschwerte sich beim Direktor, dass er keine Geistererscheinung erlebt habe und deshalb sein Zimmer nicht bezahlen wollte. So durfte es natürlich nicht weitergehen. Also verabredete sich der Hoteldirektor mit den Schlossgespenstern. Das Treffen sollte beim nächsten Vollmond um Mitternacht auf dem alten Fürstenfriedhof stattfinden.

Wie der Chef des Hotels schon befürchtet hatte, kamen nur drei müde Spukgestalten zum mitternächtlichen Treffpunkt.

„Seid ihr nur zu dritt?", fragte er besorgt.

48

„Nein, nein", antwortete eines der Gespenster. „Da ist noch die kleine Anastasia. Aber die hat furchtbare Angst vor Gespenstern und wollte nicht mitkommen."

„Wie bitte? Ein Gespenst, das Angst vor Gespenstern hat?", rief der Direktor.

„Ja, leider", murmelten die Schlossgeister und erzählten, wie sie der kleinen Anastasia vergeblich beizubringen versuchten, ein vernünftiges Gespenst zu sein.

Der Direktor rief verzweifelt: „Das kann doch nicht das Ende des Hotels ‚Zum Alten Fürstenschloss' sein! Ihr dürft mich jetzt nicht im Stich lassen!"

Eine der müden Gestalten machte einen Vorschlag: „Ihr jüngster Sohn, der Alex, der hat ja überhaupt keine Furcht vor Geistern. Könnten wir nicht die kleine Anastasia …"

„He! Wahnsinnig gute Idee!", unterbrach der Direktor das Schlossgespenst. Und so wurde vereinbart, dass Alex der kleinen Anastasia beibringen sollte, keine Angst vor nächtlichen Spukgestalten zu haben.

Alex war mit den Gespenstern aufgewachsen. Er wusste, dass die Gäste begierig darauf waren, einem echten Schlossgeist zu begegnen. Er fand das witzig, aber nicht aufregend. Schließlich verdiente Papa mit diesem Gespensterunfug das Geld für die Familie.

Deshalb war Alex ganz gelassen, als Anastasia zu ihm kam.

„Sei nicht albern!", sagte Alex. „Du als Gespensterkind weißt doch, wie harmlos Gespenster sind."

„Ich hab' aber Angst", beharrte Anastasia. Da überlegte Alex, dass Anastasia am besten erst einmal lernte, die Hotelbesucher tüchtig zu erschrecken. . .

Als sich Alex als Gespenst verkleidete, bekam Anastasia fast einen Lachanfall.

„Na bitte", kicherte Alex, „so harmlos sind Gespenster!" Nun konnte es Anastasia kaum mehr erwarten, endlich mit Alex über die langen Flure des alten Fürstenschlosses zu huschen. Es gelang ihnen auf Anhieb, einigen Gästen, die zu ihren Zimmern wollten, einen wohligen Schreck einzujagen.

Endlich hallten wieder schrille Schreie durch das nächtliche Hotel ‚Zum Alten Fürstenschloss'!

Im Obergeschoss drehte sich der Direktor beruhigt in seinem Bett um und flüsterte seiner Frau ins Ohr: „Wie gut, dass wir unseren tapferen Alex haben. Ich glaube, er hat dem Nachwuchsgespenst Anastasia endlich die Angst vor Gespenstern genommen."

DAS WUMMERBALL-ENDSPIEL

Es geschah beim Endspiel der Wummerball-Liga. Alle fieberten vor Erwartung. Heute sollten die besten Clubs gegeneinander antreten. Da waren auf der einen Seite „Die furchtlosen Nilpferde", richtig knallharte Wummerballer. Die andere Seite war auch nicht ohne. Dort standen die Besten des Wummerball-Vereins „Die unbesiegbaren Nashörner". Auch sie waren beeindruckende Haudrauf-Typen. Der Schimpanse Schimpi war Schiedsrichter. Alle nannten ihn Schiri-Schimpi. Er ermahnte die Spieler, fair zu bleiben, bevor er das Spiel anpfiff.

Wie von allen erwartet, ging es gleich hoch her. Da wummerte und knallte es tüchtig, wenn die tonnenschweren Spieler aufeinander krachten. Die Furchtlosen und die Unbesiegbaren blieben aber fair und kameradschaftlich. Gerade hatte Hippo Potamos, der Spitzenspieler der Furchtlosen, den Ball ins Tor der Nashörner geknallt, da schoss Horni Hornberg den Ausgleich zum 1 : 1. Nun drehte Rhino von Rhinern voll auf. Er wollte es seinem Kumpel Horni Hornberg gleichtun und ebenfalls ein Tor für „Die unbesiegbaren Nashörner" schießen. Doch er verschoss den Ball derart ungeschickt, dass er in hohem Bogen in die Luft karriolte.

„Hui-jui-jui-jui!", riefen die Zuschauer und blickten dem eiernden Ball hinterher. Womit aber keiner gerechnet hatte, passierte. Der Ball blieb auf dem höchsten Baum am Spielfeldrand hängen. Und zwar auf dem äußersten Ende des längsten Astes des höchsten Baumes. Selbst wenn man hochgeklettert wäre, der Ball wäre unerreichbar geblieben!

„Boooh!" riefen die Zuschauer. „So ein Mist!", riefen die Wummerball-Spieler.

Jetzt waren gute Ideen gefragt. Der Schiedsrichter rief: „Leute, erst mal Ruhe bewahren und überlegen!" Dann wurden Vorschläge gemacht und die besten in die Tat umgesetzt. Zunächst versuchten Spieler und Zuschauer mit Steinen, den Ball vom Baum zu holen. Doch niemand konnte so hoch und treffsicher werfen. Also übten sich die Furchtlosen und die Unbesiegbaren in zirkusreifen Artistiknummern. Sie nahmen sich gegenseitig auf die Schultern. Immer höher und schwankender wurde die lebende Pyramide der Spieler. Ganz unten mussten die Nilpferde die schwere Last tragen. Sie keuchten und schimpften, hielten aber tapfer durch. Oben allerdings wurde es immer wackeliger mit den wuchtigen Kerlen.

Sie hatten noch längst keine ausreichende Höhe erreicht, um den Ball zu schnappen, da brach die Spielerpyramide mit Donnergepolter zusammen. Die Furchtlosen und die Unbesiegbaren purzelten schimpfend übereinander. Die Zuschauer fanden das toll und jubelten begeistert: „Zugabe! Zugabe!"

Es war zwecklos. Der Wummerball blieb unerreichbar. Ein Ersatzball war nicht vorhanden. Das Entscheidungsspiel musste aber unter allen Umständen zu Ende gespielt werden. Da rief eine freche Stimme:
„Holt doch Tante Twiga!"

„Aber ja! Das wir da nicht gleich draufgekommen sind!", sagte Schiri-Schimpi. „Ich werde mich drum kümmern!" Und schon war der Schimpanse davongeeilt, um Tante Twiga, die große, langhalsige Giraffe zu holen.

Tante Twiga war dann tatsächlich die Retterin des Wummerball-Endspiels. Der Schimpanse kletterte an ihrem langen Hals hoch, balancierte auf ihrem Kopf, erwischte einen herabhängenden Zweig und schüttelte schließlich den Ast so lange, bis der Ball aufs Spielfeld fiel.

Das Wummerball-Endspiel ging übrigens mit einem knappen 4:3-Sieg für „Die furchtlosen Nilpferde" zu Ende.

EINE ÜBERRASCHUNG FÜR LEA UND JAN.

Mama hatte eine Überraschung für Lea und Jan: „Kinder, wir fahren ans Meer!" Die beiden jubelten vor Freude so laut, dass sich Mama die Ohren zuhalten musste.
„Kann ich dort auch Indianer spielen?", fragte Jan aufgeregt. Er hatte nämlich einen tollen Indianerfederschmuck geschenkt bekommen. Mama sagte: „Klar, wir nehmen deine Indianersachen mit und für Lea Eimerchen, Schaufel und Sandförmchen."

Die Fahrt ans Meer dauerte lange. Immer wieder kam Jans quengelige Frage: „Wann sind wir da?" Dann kam endlich der Augenblick.
Noch eine sanfte Kurve – und da lag es vor ihnen: das Meer!

Die Kinder waren kaum zu bremsen. Sie wollten sofort über den einsamen Sandstrand in die schäumende Brandung stürmen. Mama aber bestand darauf, ihnen zuvor Schwimmflügel über die Arme zu streifen.
„Ich kann doch schon schwimmen!", protestierte Jan. Mama blieb jedoch hart und sagte: „Sicher ist sicher – und nun ab ins Wasser!"

Nachdem die beiden genug in der Brandung getobt hatten, wollten sie spielen. Aber welch ein Pech! In der ganzen Aufregung hatte Mama die Tasche mit den Spielsachen zu Hause vergessen. Jan fing als erster an zu weinen. Dann folgte Lea. Gemeinsam steigerten sie ihr Weinen zum Heulen, dann zum zornigen Kreischen. Unterbrochen wurde ihr heulender Kummer durch die zornigen Rufe: „Ich will Indianer spielen!" und „Lea Dant pielen!", was übersetzt „Lea möchte im Sand spielen!" heißen sollte. Oh je! Mama war total genervt. Sie war froh, dass hier nur wenige Badegäste waren, die sich von dem Theater hätten genervt fühlen können.

Am Ufer saß ein alter Fischer, der aufs Meer hinaus träumte. Als er das Kindergeschrei hörte, kam er näher und fragte:
„Was habt ihr denn für einen großen Kummer?"
Mama erzählte, dass sie die Spielsachen vergessen hatte. Da lachte der Mann und sagte:
„Schaut euch doch um, am Strand liegen lauter Spielsachen verstreut!"
Die Kinder verstanden den Fischer nicht. Der aber sagte: „Ich zeige euch, was ich meine. . ."

Zunächst war Lea dran. Der freundliche Mann zog seine Gummistiefel aus und sagte: „Einer davon ist der Eimer für den Sand. Der andere ist fürs Wasser." Dann suchte er am Strand nach Muscheln. Eine ziemlich große Muschelschale diente Lea als Sandschaufel. Die vielen kleineren Muschelschalen wurden als Förmchen benutzt, und schon war Lea fleißig dabei, Sandkuchen zu backen. . .

„Und nun, junger Mann, werden wir einen Indianer aus dir machen", sagte der alte Fischer zu Jan. Aus einem angeschwemmten Seil, aus Möwenfedern und allerlei anderen Vogelfedern und Strandgut bastelten sie gemeinsam einen urigen Kopfschmuck. Weil es so viel Spaß machte, wurde auch gleich für Lea und Mama ein Kopfputz angefertigt.

Als sie am späten Nachmittag die Heimfahrt antraten, fiel den Kindern der Abschied von dem liebenswerten alten Fischer richtig schwer. Doch Mama hatte vorgesorgt und sagte: „Ich habe mir seine Telefonnummer geben lassen. So können wir uns mit unserem neuen Freund am Strand verabreden, wenn wir wieder mal ans Meer fahren."

ANGEBER UND FREUNDE

Im fernen Australien leben sie. Diese lustigen Gesellen, die so gewaltige Sprünge machen können. Richtig geraten: Es sind die Kängurus! Sie können aber nicht nur gut weite Sprünge machen. Nein, manche von ihnen sind auch ziemlich große Angeber. Sie veranstalten zum Beispiel gerne Boxkämpfe. Dabei geht es hoch her. Mit viel Radau und großspurigen Sprüchen versuchen sich dann die Boxer gegenseitig einzuschüchtern.

Zwei Kängurus ging dieser Rummel eines Tages ziemlich auf die Nerven. Nach einem Boxkampf fragte das eine Känguru das andere Känguru: „Findest du nicht auch, dass dieses andauernde Auf-die-Nase-Hauen nicht unbedingt Spaß macht?"
„Recht hast du!", antwortete das andere Känguru. „Und obendrein tut es auch noch ganz schön weh."
„Genau!", sagte da das eine Känguru, und die beiden beschlossen, Freunde zu werden.

„Aber irgendeinen Wettkampf könnten wir doch trotzdem machen",
sagte eines Tages das eine Känguru.
„Wie wäre es mit Wetthüpfen?" schlug das andere Känguru vor.
Sie vereinbarten, bis zu einem Berg, weit im Westen, zu springen.
Auf los ging's los – und die beiden Freunde hüpften immer der untergehenden
Sonne nach. Mal war das eine, mal das andere Känguru vorne. Doch spät am
Abend erreichten sie gemeinsam den Berg im Westen.

„Wer war eigentlich Erster?", fragten sich die Freunde. Das eine Känguru sagte:
„Du warst vor mir am Ziel." – „Nein", widersprach das andere Känguru.
„Du warst als Erster hier!" Sie beschlossen, das Wettrennen am nächsten Tag
zu wiederholen. Gesagt, getan. Wieder wurde ein ferner Hügel als Ziel
verabredet – und am Abend kamen die Freunde gleichzeitig am Treffpunkt an.

Da meinte das eine Känguru: „Übrigens, du musst mir nichts beweisen. Ich bin
trotzdem dein Freund, selbst dann, wenn du der Schnellere bist!" – Das andere
Känguru sagte daraufhin: „Nein, nein, du bist einwandfrei der Schnellere –
und ich bin natürlich auch immer noch dein Freund!"

Tags darauf sahen sie in der Ferne den Strand des Indischen Ozeans blinken. „Komm, wir machen ein Wetthüpfen!", rief das eine Känguru, und ratzfatz waren die beiden unterwegs zum Strand. Dort trafen sie auf zwei weitere Kängurus, die sich beim Boxen gegenseitig die Nase vermöbelten.
„Seid ihr bekloppt?", fragte das eine Känguru die sich prügelnden Angeber.
„Das tut doch weh!", sagte das andere Känguru zu den Boxern und fügte hinzu:
„Kommt doch mit. Wir veranstalten ein Wetthüpfen nach Osten, sagen wir bis dort hinten zu jenem Sandhügel."

Alle vier Kängurus sprangen in schöner Eintracht los. Als sie am Abend am Ziel eintrafen, hatten sie Freundschaft geschlossen. Sie waren sehr erstaunt, auf dem Hügel zwei verbissen boxende Kängurus anzutreffen. Ihr könnt euch bestimmt vorstellen, was nun geschah. Und richtig, am nächsten Morgen machten sechs Kängurus lange Sprünge Richtung Osten. Einige Tage später erreichten sie das andere Ende Australiens. Dort, am Strand des Pazifischen Ozeans, überlegten sie, was sie nun tun könnten.

Das eine Känguru hatte die beste Idee: „Wir könnten ja wieder bis zum Indischen Ozean hüpfen. Und unterwegs würden wir allen boxenden Angebern klar machen, dass Freundschaft viel mehr Spaß macht als sich gegenseitig auf die Nase zu hauen!"

JASMIN LÄSST SICH NICHT IRRE MACHEN.

Jasmins älterer Bruder Johannes liebte Spielzeugautos. Schon als ganz kleiner Bub war er ein Autonarr gewesen. Mama sagte, dass seine ersten Worte nicht etwa „Mama" oder „Papa" gewesen seien. Nein, Johannes sagte „Brrrm" – und meinte „Auto". Und er sagte „Atto" – und meinte selbstverständlich „Auto".

Mittlerweile hatte Johannes so viele Spielzeugautos, dass er eigentlich den Überblick hätte verlieren müssen.
Aber, er kannte so gut wie alle Autotypen, Modelle und Marken.
Jasmin schwirrte der Kopf, wenn ihr Bruder mit Autotechnik-Wörtern prahlte. Das klang alles so unverständlich: „Nockenwelle, Hydraulik, Direktschaltgetriebe, ABS, TDI, ESP. . ."

Manchmal beklagte sich Jasmin:
„Johannes kann nur über Autos reden. Und verstehen tu ich sowieso nichts!" Mama lachte dann und tröstete sie:
„Ach, das ist doch nur Fachchinesisch. Damit kann er natürlich prima angeben."
Daraufhin sagte Johannes ganz frech:
„Frauen haben von Technik sowieso keine Ahnung!"

Oft verbrachte Jasmin die Wochenenden bei den Großeltern. Johannes fand das langweilig und wollte nicht mit. „Opa und sein Holzkram!", meckerte er.
Er wollte viel lieber bei seiner Autosammlung bleiben.

Während eines solchen Besuches packte Jasmin die Lust, ihrem Großvater in der Werkstatt zuzuschauen. Opa bastelte gerne und freute sich sehr, als seine kleine Enkelin neugierig fragte: „Was machst du da, Opa?" –
„Wozu brauchst du das?" – „Wie nennt man denn dieses komische Teil da?"

Opa hatte auf alle Fragen eine Antwort. Er baute allerlei Dinge aus Holz. Vogelhäuschen etwa, aber auch Segelschiffe oder ganz praktische Hocker. Jasmin kannte bald den Unterschied zwischen einer Feile und einer Raspel. Sie lernte, wie eine Holzschraube aussieht und was eine Sechskantmutter oder eine Flügelmutter ist.

Einmal fragte sie: „Opa, ist das eigentlich Fachchinesisch?" – Da musste Jasmins Großvater herzhaft lachen. Dann sagte er:
„Bei vielen Tätigkeiten oder Berufen entwickelt sich so eine Fachsprache, die man gerne Fachchinesisch nennt. Meinst du, ich verstehe Oma, wenn sie mir mit ihrem Computerkram kommt? Internet und Modem und E-Mails und so 'n Zeugs? Dafür weißt du jetzt, wann man einen Schlitzschraubenzieher oder einen Kreuzschraubenzieher benötigt. Und dass man einen Schraubenzieher fachmännisch einen Schraubendreher nennt."

Einige Tage später waren Jasmin und Johannes bei Florian, einem großen Nachbarjungen. Dieser baute in seiner Werkstatt ein Modellflugzeug. Andächtig schauten die Kinder zu, wie Florian Teile des komplizierten Flugzeugs zusammenleimte. Plötzlich rief er: „Mist! So klappt das nicht! Schnell, hol mal ’ne Schraubzwinge!" – Johannes schaute ziemlich blöd drein. „Eine Schraub-was?", fragte er verwirrt.

Jasmin hatte längst gesehen, wo dieses Werkzeug hing. Wie der Blitz kam sie mit einer kleinen Schraubzwinge angerannt.
„Hier!", sagte sie und Florian strahlte: „Mensch Johannes, deine kleine Schwester! Die ist ja technisch richtig gut drauf!"

Auf dem Heimweg wollte Johannes wissen:
„He, woher kennst du dich so gut mit diesen Werkzeugen aus?"
„Von Opa gelernt", antwortete Jasmin stolz. Und sie wunderte sich nicht, als am nächsten Wochenende Johannes unbedingt mitkommen wollte. Er war ganz versessen darauf, Opas Fachchinesisch zu erlernen, um ja nicht noch einmal von seiner kleinen Schwester hereingelegt zu werden.

BONNYS FREUNDE

Ich habe euch ja noch gar nicht erzählt, wie Bertholds Schwester heißt. Ihr erinnert euch doch an den kleinen Biber? Nun, seine Schwester hört auf den schönen Namen Bonny.

Bonny, Berthold, Mama und Papa Biber schwammen jeden Tag zu einem Seerosenfeld am anderen Ende des Sees. Dort mümmelten sie mit großem Appetit die grünen Blätter. Biber sind nämlich ganz verrückt auf dieses gesunde Grünzeug. Bonny war als erste satt und sagte: „Ich schwimme schon mal nach Hause."

Gemächlich zog sie ihre Bahn über den stillen See, als sie mit einem Male in einen lärmenden Tumult geriet. Zwei junge Otter plitschten und platschten mit viel Geschrei im Wasser. Sie tauchten und wirbelten und machten einen derart vergnügten Krach, dass sie gar nicht merkten, wie sie von Bonny erstaunt beobachtet wurden. Endlich aber tauchten zwei putzige Ottergesichter vor Bonny auf und riefen: „Hallo! Wer bist du denn?"
„Ich bin Bonny", sagte das Bibermädchen.
„Ich bin Ottmar", sagte einer der Otter.
„Ich bin Ottilie", sagte das zweite Otterkind.
„Und jetzt toben wir zu dritt!", bestimmte Ottmar. Bonny aber sagte, dass sie nicht so gut wie die Otter tauchen und schwimmen könne.
„Das macht doch nichts", sagte Ottilie tröstend. „Mach einfach das, was du gut kannst!"

Da schlug Bonny vor:
„Ich kann prima mit dem Schwanz aufs Wasser patschen."

So wurde es dann gemacht. Bonny patschte mit ihrem flachen Schwanz aufs
Wasser, dass es nur so knallte. Daraufhin tauchte sie und beobachtete Ottilie
und Ottmar, die unter Wasser regelrechte Purzelbäume schlugen und elegante
Schraubensaltos machten. Welch ein wirbelnder Spaß das war!

Als die drei Tierkinder der Ansicht waren, dass sie genug herumgetobt hätten,
fragte Bonny: „Was machen wir jetzt?"
„Bist du schon mal auf einer Otterrutsche geschlindert?" fragte Ottilie zurück.
Bonny blickte ratlos und fragte: „Geschlindert? Was soll das denn sein?"
Ottilie und Ottmar lachten und riefen: „Schlindern! Zuscheln! Gleiten! Glitschen!
Rutschen! Schlittern! Komm mit, wir zeigen dir wie's geht!"

Dort, wo das Ufer des Sees ziemlich steil zum Wasser abfiel, hatten die
Otter ihre Rutsche gebaut. Otter sind sehr verspielt und bauen gerne so eine
Spaßanlage.

Was die beiden der kleinen Bonny dann zeigten, war schon etwas mehr als eine Spaßanlage.

„Seid ihr verrückt?", fragte sie ihre neuen Freunde entsetzt. „Da wollt ihr runterrutschen? In dieses motschige Gematsche?"

„Na, klar!", riefen die Otterkinder und schmissen sich mit Gekreisch in die matschige Bahn. Sie flutschten wie auf Seife abwärts, sausten über eine Schanze, wo sie hoch in die Luft geschleudert wurden, um dann in den See zu platschen.

Bonny nahm all ihren Bibermädchenmut zusammen und machte es wie die Otter. Sie schmiss sich kopfüber mit Geschrei auf die Rutschbahn. Dann schoss sie wie ein geölter Biberblitz abwärts, machte einen weiten Schanzensprung und klatschte mit Wasserbombengetöse in den See.

Die drei Freunde rutschten noch so oft, bis sie nicht mehr konnten. Als Bonny nach Hause kam, waren ihre Eltern und ihr Bruder Berthold schon etwas besorgt. „Wo warst du nur?" fragte Mama, und Papa schaute sie streng an. Als sie jedoch ihre begeisterte Beschreibung der Otterrutsche hörten, waren sie zufrieden und freuten sich, dass Bonny so nette Freunde gefunden hatte.

Nur Berthold blieb schweigsam, so, als ärgerte er sich heimlich. Bonny sagte: „Wie wäre es, Bruderherz, wenn wir morgen gemeinsam zur Otterrutschbahn schwimmen würden?"

Da war für Berthold die Welt wieder in Ordnung.

FOGO WIRD ÜBERMÜTIG

Bestimmt erinnert ihr euch an die Geschichte mit den Dinosaurierkindern Drago, Pudi und Fogo. Möchtet ihr wissen, wie es weiterging mit der Familie Saurus? Nun ja, es sah nicht so gut aus. Drago war nach seinem dummen Streich zum Schock-Stotterer geworden. Und Pudi hatte vor Schreck verlernt, ihre Farben zu wechseln und musste im Schreckfarben-Outfit herumlaufen. . .

Mama Saurus war sehr ungehalten: „Es können uns alle ruhig für beknackt halten", schimpfte sie. „Aber es muss nicht sein, dass wir uns tatsächlich verrückt benehmen!" Also wurde Drago dazu verdonnert, ein Sprechtraining durchzuführen. Er war ja nicht dumm und schaffte es in kurzer Zeit, wieder normal zu reden.

„Und wehe, du machst noch mal einen Tyrannosaurus nach, versprich mir das!", sagte Papa Saurus. Drago antwortete mit der süßen Schnuckelstimme seiner Schwester: „Ja, natürlich! Versprochen Papilein!"
„Ach, er ist wieder der alte Scherzkeks!", jubelte Mama Saurus glücklich und schaute dann besorgt auf Pudi mit ihren giftigen Farben . . .

Pudi aber nahm es gelassen. Sie fand es sogar irgendwie gut, dass sie die anderen für ein freches Punkmädchen hielten. Sollten sie doch denken, was sie wollten!

Fogo hatte in letzter Zeit herausgefunden, dass er seinen Atem aufheizen konnte. Er atmete ganz normal ein. Wenn er dann ausatmete, kam ein heißer Luftstrom aus seinem Maul. So ein Fauchen, heiß wie ein Föhn!

Mit dieser Fähigkeit konnte man natürlich jede Menge Unsinn machen. Am liebsten erschreckte er Pudi mit seinem heißen Fauchen. „Aua! Das tut weh!", schrie seine Schwester dann. Als sie aber merkte, dass durch die feurige Atemluft ihre Giftfarben verblassten, bewies sie, dass sie auf Zack und ein echt cooles Dinomädchen war!

Mit Absicht zickte sie noch mehr herum und ärgerte Fogo mit tantenhaftem Getue. Damit forderte sie ihren kleinen Bruder regelrecht heraus, immer wieder heiße Fauchangriffe zu starten. Aber, genau das wollte sie ja! Und ihre Farben wurden immer blasser. . .

Das fiel irgendwann sogar ihren Brüdern auf und Drago fragte: „He, kannst du deine Farben wieder verändern?"

„Ich versuche mein Bestes", antwortete Pudi so ganz nebenbei und lachte sich innerlich über die beiden kaputt.

Einmal beobachtete Pudi ihren kleinen Bruder heimlich. Fogo war schon wieder damit beschäftigt, mit seiner heißen Atemluft herumzuspielen. Er fauchte und spuckte und zischte und keuchte – und plötzlich kam für einen kurzen Augenblick eine kleine Flamme aus seinem Rachen. Da eilte Pudi aufgeschreckt zu Fogo. Sie war ganz aus dem Häuschen, als sie eindringlich auf ihn einsprach: „Hör sofort auf damit! Das darfst du nicht tun, sonst wird noch eines Tages ein böser Feuerdrache aus dir!"

Weder Drago noch Papa oder Mama Saurus hatten etwas mitbekommen. Fogos gefährliche Marotte blieb ein großes Geheimnis zwischen den beiden Dinokindern. Wir können nur hoffen, dass sich Fogo wirklich an die Ermahnungen seiner besorgten Schwester gehalten hat. . .

INDIANERSOMMER

Es war an einem Spätsommerabend. Die Sterne funkelten bereits am Himmel und die Indianer rückten näher ans wärmende Lagerfeuer. Die Luft war merklich kühler geworden. Ja, bald würde der Herbst, der Indianersommer, ins Land ziehen und die Wälder bunt färben.

Auch Satsch-Kwatschel, der Geschichtenerzähler, saß am Feuer und fragte die Kinder: „Soll ich euch erzählen, wie unser Gott Manitu, der Große Geist, die Farben an die Blätter der Bäume verteilt hat?" – Natürlich wollten Kinder und Erwachsene die Geschichte hören. Es ist doch immer schön, vor dem Schlafengehen noch etwas erzählt zu bekommen. . .

Da hatte also vor langer, langer Zeit der Große Geist die Bäume des Waldes um sich versammelt. „Wäre es nicht schön", fragte er, „wenn im Herbst euer Blätterkleid bunt würde? Der Übergang vom grünen Sommer zum kalten weißen Winter wäre nicht so traurig. Wir könnten das farbige Ausklingen des Sommers Indianersommer nennen!"

„Welch genialer Einfall!", schmeichelten die Bäume höflich. Aber schon ging das Gerangel los. Jeder wollte nämlich die schönste Farbe, das Rot, für sich reklamieren. Die riesigen Douglasfichten behaupteten, dass nur sie diese Farbe mit ihrem würdevollen Nadelkleid übers Land tragen dürften. Sofort meldeten sich die Hemlocktannen und betonten, dass sie es mit der Würde der Douglasien allemal aufnehmen könnten. Als dann der Mammutbaum das Wort ergriff, schwiegen die anderen Nadelbäume lieber. Mit so einem majestätischen Riesen konnte es natürlich keiner aufnehmen.

Da rief eine vorlaute Birke: „Dass ich nicht lache! Majestätisch, was für eine Angeberei! Eleganz, das ist es, was man zum Tragen eines roten Kleides benötigt. Und wer schon könnte das Rot eleganter ins Land tragen als die Birken?"

So ging es endlos weiter. Jeder Baum war davon überzeugt, dass er es verdient hätte, das feurige Rot des Indianersommers anzuziehen. Der Große Geist hörte sich das in aller Ruhe an. Dann sagte er: „Ich habe euch gehört. Nun hört meine Entscheidung!"

Es waren weise Regeln, die der Große Geist verkündete. Zunächst ermahnte er die Nadelbäume: „Ihr dürft das Grün des Sommers sogar im Winter behalten. Also seid zufrieden!"

Und dann sagte er noch, dass die Birken mit ihrer weißen Rinde tatsächlich elegante Bäume seien. In einem gelben Blätterkleid würden sie das Auge des Großen Geistes noch viel mehr entzücken. Und die Birken nahmen das Gelb dankbar an.

Nun waren die Espen an der Reihe. Sie waren eifersüchtig auf die Birken, weil sie oft mit ihnen verwechselt wurden. Dabei konnte man sie doch so leicht erkennen. Ihre Rinde war niemals weiß. Sie war eher silbergrau, aber niemals so angeberisch weiß wie bei den Birken! Und ihre Blätter erst! Sie zitterten beim leichtesten Lufthauch und zauberten silbriges Blinken in das warme Sonnenlicht.

Der Große Geist beruhigte die Espen: „Seid nicht so neidisch. Zu eurem sommerlichen Silberblinken passt doch das noch viel edlere Gold! Ihr sollt das goldene Leuchten des Indianersommers sein! Ihr werdet erstaunt sein, welch prächtige Farbharmonie ihr mit dem tiefblauen Himmel eingehen werdet!"
– So also sprach Manitu, der Große Geist. Die Espen verstanden zwar nicht alles, waren aber sichtlich zufrieden und vergaßen ihren Neid.

Nun war immer noch nicht das Rot verteilt. Der Große Geist machte es aber erstaunlich kurz als er bestimmte: „Das Rot sollen die Bäume und Büsche tragen, die den Menschen das Leben versüßen!" – Satsch-Kwatschel schaute seine jungen Zuhörer an und fragte: „Wen hatte Manitu denn damit gemeint?"
– Die Kinder wussten sofort die Antwort und riefen: „Die Ahornbäume und die Blaubeerbüsche!" - Natürlich, denn nichts war süßer als Ahornsirup und dicke sonnengereifte Blaubeeren!

DER FREMDE

Grabenheinrich, der Maulwurf, saß gemütlich in seiner
Wohnhöhle, als er heftige Grabgeräusche hörte.
„Das kann doch nicht Annabella sein?",
murmelte er. Er mochte sich nicht vorstellen,
dass ein zierliches Mausemädchen so brutal
wie ein Bagger buddeln könnte. . .

Es war längst wieder ruhig. Grabenheinrich
kuschelte sich in seinen Schaukelstuhl und
döste vor sich hin. War er eingeschla-
fen? Träumte er? Nein, er döste nur. Er
schaute auf, rieb sich die kurzsichtigen
Knopfäuglein und schüttelte ungläubig den
Kopf. Da stand ein fremder Maulwurf vor ihm.
Nun war Grabenheinrich hellwach. Er war verblüfft.
Er war baff, ach was, er war völlig von den Socken! Da stand ein Fremder!
Stand einfach so da!
„Woher kommst du denn?", fragte er und wusste nicht, ob er freundlich oder
unfreundlich sein sollte. Was wollte der Kerl überhaupt in seiner Wohnhöhle?
„Unverschämtheit", murmelte er. Der Unbekannte lächelte verlegen und zuckte
mit den Schultern.
„Woher du kommst, will ich wissen!", wiederholte er ungeduldig.
Die Antwort klang merkwürdig: „Hällo-ai-äm-Dschordsch-from Ingländ."
Nun war Grabenheinrich völlig durcheinander und grübelte laut: „Ingländ?
Der meint doch nicht etwa, dass er aus England kommt?"

„Yes, England", sagte der fremde Maulwurf schüchtern.

Dann zeigte er auf sich und sagte: „George"

„Ach, jetzt verstehe ich, du bist also der George aus England."

„Yes, George from England", antwortete er und zeigte fragend auf Grabenheinrich.

„Grabenheinrich", antwortete Grabenheinrich und George wiederholte vorsichtig: „Grabbenhinrik?"

„Yes, Grabbenhinrik from Germany!", lachte Grabenheinrich. Da erinnerte er sich, dass Annabella in der Schule stets so gut in Englisch war und sagte:

„Du warten! Wait! Ich hol Annabella. Sie spricht – na, wie heißt das noch – schie sprichts, ich meine she speaks English!"

„Yes, yes, okay", sagte George und Grabenheinrich wiederholte fröhlich:

„Yes, okay! Yes, okay!" Und er eilte davon, um Annabella zu holen.

Das Mäusemädchen war natürlich gerne bereit, ihrem Freund zu helfen. Außerdem war es furchtbar neugierig, das Geheimnis des Unbekannten zu erfahren. Es war ja tatsächlich sehr rätselhaft, wie der fremde Maulwurf so plötzlich bei Grabenheinrich auftauchen konnte.

George war überglücklich, als ihn Annabella in perfektem Englisch begrüßte
und geschickt ausfragte. Dabei stellte sich heraus, dass er sich beim Buddeln
total verirrt hatte. George erzählte, dass die Maulwürfe in England auch eine
Königin hätten. Ausgerechnet George wurde von ihr beauftragt, einen Tunnel
von England nach Frankreich zu graben. Die Menschen hätten schließlich auch
einen von der Insel unter dem Meer bis nach Frankreich gebaut. Aber dann
hatte sich George mit der Richtung vertan und war in Germany, in Deutschland
herausgekommen. . .

„Und nun fühle ich mich ziemlich einsam und fremd", übersetzte Annabella die
Worte des englischen Buddelmeisters.
Da schlug Grabenheinrich spontan vor: „Bleib doch hier! Annabella bringt dir
Deutsch und du bringst mir die englische Sprache bei! Und Maulwurfhügel sind
schließlich überall gleich!"
„Ihr würdet mich aufnehmen in eurem schönen Land?", fragte George.
„Klar doch", sagte Grabenheinrich. „Wir haben jede Menge Platz für Gänge,
Tunnel und Wohnhöhlen."
Annabella meinte dann noch, dass es bestimmt klug wäre, sich wegen der
Maulwurfhügel vorher mit Hoppelhase Heribert abzusprechen: „Der macht
sonst wieder ein Irrsinnstheater, wenn er bei seinem Osterhasenmarathonlauf
dauernd auf die Schnauze fällt!"

DIE TIERE SUCHEN DEN SUPERSÄNGER

Es war, ehrlich gesagt, schon irgendwie verrückt. Überall suchten sie den Superstar. In Amerika, in England, sogar in Deutschland suchten sie. Man konnte es sich fast ausrechnen: Irgendwann würde es nur noch Superstars geben. Denn jeder wollte einer werden, selbst dann, wenn er so scheußlich sang, dass vor Schreck Fensterscheiben zersplitterten.

Kein Wunder, dass auch im Tierreich dieses närrische Superstarfieber ausbrach. Die Tiere suchten den Supersänger.

„Damit können ja nur wir Vögel gemeint sein", gackerte Berta, das Huhn. Dabei klimperte sie eitel mit den Äuglein und plusterte ihr Gefieder auf.

Allerorts hörte man die Vögel zwitschern und tirilieren. Sie alle wollten mit ihrem Gesang den Wettbewerb gewinnen. Ja, sie waren ganz versessen darauf. Manche wurden richtig wütend und eifersüchtig, wenn sie jemanden hörten, der vielleicht schöner sang als sie selbst. Besonders schlimm trieb es Ella, die Elster. Sie war sich völlig sicher, die beste Sängerin zu sein. Dabei lag sie mit ihrem lauten und heiseren Gegröle so was von daneben, dass sich beim Igel vor Grauen schon die Stacheln krümmten!

Die fidelen Meisen fanden, dass ihre süße Missi die hinreißendste Sängerin sei. Wenn man allerdings das Amselmädchen Anita singen hörte, wollte man, dass Anita gar nicht mehr aufhörte, so schön waren ihre Lieder.

Ella verzehrte sich vor Neid. Eines Tages lauerte sie Anita auf und sagte: „He, du hässlicher Vogel, willst du, dass ich dich windelweich haue?"

„Ach du meine Güte, natürlich nicht!", rief Anita erschrocken. – Daraufhin schmeichelte die Elster: „Na, siehst du, du bist ja ganz vernünftig." Und sie erklärte der Amsel, was sie von ihr wollte.

Endlich war es so weit. Die große Veranstaltung „Wir suchen den Supersänger" sollte beginnen. Als Preisrichter hatte man drei große Persönlichkeiten aus dem Musikgeschäft verpflichten können. Da war zunächst die berühmte Kinderliedermacherin Eulalia, die Eule. Auch Roberto Rabe war allen bekannt. Er war es, der den ostfriesisch-kubanischen Rap-Rumba in Mode gebracht hatte. Der dritte Preisrichter war – natürlich – der Superstar der Superstars: Dieter, der Dachs, dessen Popsongs in der ganzen Welt geträllert wurden.

Aus dem ganzen Tierreich waren die Zuhörer zusammengeströmt, um bei diesem Wettkampf dabei zu sein. Nervös warteten sie auf den Beginn der Veranstaltung. Es dauerte und dauerte, aber endlich verkündete Eulalia: „Wir danken für euere Geduld und euer Interesse. Hiermit ist nun endlich der Gesangswettbewerb ‚Wir suchen den Supersänger' eröffnet!" - Jubel und Applaus brachen los. Doch schnell legte sich der Lärm, und in der erwartungsvollen Stille war nur noch ab und zu ein Räuspern zu hören. . .

Robby

Missi

Franz

Das Rotkehlchen Robby war der erste Kandidat. Er sang einen fetzigen Song, war wirklich gut, und die Preisrichter lobten ihn. Dann war Missi, die Meise, an der Reihe. Dieter, der Dachs, war ganz hingerissen von ihrem süßen Gesang und schmeichelte: „Du bist ein richtiger Knusperkeks!" Roberto Rabe fand das Lied der Meise auch super. Die Eule Eulalia aber sagte: „Du hättest mehr auf deinen Gesang und weniger auf dein aufdringliches Federkleid achten sollen! Aber alles in allem war's ganz ordentlich. . ."

Nun wurde der Fink Franz aufgefordert, sein Lied vorzutragen. „Na, ja", sagte Roberto Rabe, „du hast dich redlich bemüht. Vielleicht klappt es beim nächsten Mal besser. . ."

Jetzt aber kündigte man Ella an. Das Publikum war sehr gespannt, was für eine Schau die angeberische Elster aufführen würde. . .

Seid ihr auch so gespannt, wie die Suche nach dem Supersänger weitergehen wird? Ob ihr es schafft, bis morgen auf die Fortsetzung zu warten?

WIRD ES ELLA SCHAFFEN?

Na, habt ihr es fertig gebracht, mit der Fortsetzung dieser Geschichte eine Nacht lang zu warten? Oder war die Neugierde doch stärker? Egal, wir wollen ja alle wissen, ob es Ella schaffte und wie es mit dem Wettstreit „Wir suchen den Supersänger" weiterging. . .

Ella sah beeindruckend aus. Sie wusste, wie man sich bewegen musste, um die Blicke der Zuschauer auf sich zu ziehen. Sie war ein absolut toller Typ, das musste jeder eingestehen. Und dann fing Ella an zu singen. Allen, den Preisrichtern wie dem Publikum, stockte der Atem. In süßesten Tönen besang die Elster einen Sommerabend. Ihr Lied drang tief in die Herzen der Zuhörer. Es war wehmütig, es war süß, es war umwerfend!
Als Ella ihren Vortrag beendet hatte, sagte Dieter: „Wenn man dich so anschaut, würde man eher einen knalligen Hiphop-Sprechgesang erwarten. Oder einen urigen Rock'n'Roll. Aber das, was du da gebracht hast, ist ein wirklicher Hammer! Das ist echt Spitze! Das ist superstarmäßig! Ich bin begeistert!"
Roberto Rabe konnte vor Freude nur noch krächzen: „Super! Super! Super!"

Nun schauten alle erwartungsvoll zu Eulalia. Die Eule indes schüttelte nur schweigend ihren Kopf. Endlich räusperte sie sich und sagte mit eiskalter Stimme: „Tut mir Leid Ella. Aber das, was du da vorgetragen hast, ist der gemeinste Betrug, den ich je erlebt habe!"
Das Publikum war geschockt. Alle wurden vor Schreck mucksmäuschenstill.
Dann platzten Dieter und Roberto in die Stille: „Wie bitte? Betrug?"

Eulalia antwortete mit einer Gegenfrage: „Wo bleibt eigentlich euer musikalischer Verstand? Ihr lasst euch von einem eitlen jungen Vogel etwas vormachen und schmelzt dahin wie die letzten Idioten!"

Au Backe! Da tobte das Publikum und schrie Protest! Die Eule jedoch wurde ebenfalls laut und rief: „Wo übrigens ist Anita, die Amsel?"

Verblüfft verstummte das Publikum und Roberto und Dieter schauten sehr dummdösig aus der Wäsche. „Ja, wo bitte ist Anita?", wiederholte Eulalia unerbittlich.

Es dauerte eine Weile, bis das Amselmädchen schüchtern aus dem Hintergrund herangeschlichen kam.

„Kommt doch mal beide zu mir!", forderte Eulalia Anita und die frech dreinblickende Ella auf. Streng fragte sie die Elster: „Du weißt, was ich mit Betrug gemeint habe?" – Doch bevor Ella antworten konnte, klopfte sich Dieter an die Stirn und stöhnte: „Ah! Jetzt verstehe ich!" Und an die Elster gewandt sagte er: „Du bist ja ein ganz schön abgebrühter Vogel. Mimst uns hier die hammermäßige Supersängerin vor und bist doch nichts weiter als 'ne krähende Trällertusse!"

„Sachte! Sachte! Wir wollen doch nur die Wahrheit herausfinden!", ermahnte Roberto den wütenden Dieter. Schließlich ergriff die kluge Eulalia wieder das Wort und sagte: „Ella, du siehst, dein plumper Trick hat nicht geklappt. Du wolltest uns mit dieser Playbackmasche täuschen, indem du nur den Schnabel bewegtest, während im Hintergrund Anita singen musste. Die Amsel Anita ist demnach die wirkliche Könnerin!"

„Anita! Aniiita!!!", rief das Publikum.
„Ja, Anita! Sie ist die Supersängerin!", rief Roberto Rabe und Dieter sagte:
„Los, du süßer Knusperkeks, sing uns dein Lied noch einmal vor!"

Anita war völlig durcheinander. Ella hatte ihr immer gedroht: „Ich warne dich!
Wehe, du versaust mit meinen Auftritt!" – Was nur sollte sie tun? Sollte sie
absichtlich falsch singen? Da trat Ella vor das Publikum und sagte: „Ich muss
euch etwas sagen. Ja, ich habe euch zu täuschen versucht. Ich wollte schon
immer eine Sängerin werden. Aber ihr wisst ja, ich kann eigentlich nur
krächzen. Schon immer habe ich Anita wegen ihrer süßen Stimme beneidet.
Es war ein großer Fehler, besser sein zu wollen als Anita. Ich bitte alle um
Verzeihung und möchte gern Anitas Freundin werden. . ."

Ach du meine Güte! Nun flossen tatsächlich Tränen. Aber, ehrlich gesagt, war es
doch eine mutige Tat der eitlen Elster, ihren Fehler so offen einzugestehen. Das
belohnten Publikum und Preisrichter mit jubelndem Applaus.

Den allergrößten Applaus erhielt selbstverständlich Anita. Ohne einen falschen
Ton sang sie noch einmal ihr Sommerabendlied. Kein Zweifel, Anita wurde zur
Supersängerin gewählt. Und die Veranstaltung „Wir suchen den Supersänger"
endete als unvergessliches Fest. . .

ÄRGER MIT NEMO

Theo, einer der ganz alten Teddys, hatte
das Treffen der Teddybären veranlasst.
Die Versammlung war natürlich streng
geheim. Sie fand mitten in der Nacht statt,
damit ja kein Mensch, vor allem kein Kind,
etwas davon merkte.

Theo stellte sich vor die versammelten Bären
und sagte: „Ihr wisst, worum es geht?"
Ein Nicken und Brummen war die Antwort. Sie waren alle sehr besorgt.
Seit einer ganzen Weile schon hatten sie das Gefühl, nicht mehr geliebt
und nicht mehr gebraucht zu werden.

Was nur hatte die Teddybären in so eine traurige Stimmung getrieben? Bei
dieser geheimen Versammlung kam die Wahrheit an den Tag. Schuld war ein
Film, den sich die Menschen im Kino mit viel zu viel Begeisterung anschauten.
So jedenfalls erklärte es Theo und sagte weiter: „Und nun drehen die lieben
Kleinen durch und wollen alle – einen Nemo!" Man stelle sich das nur vor, sie
wollen einen Fisch, ein Glitschtier zum Schmusen!"
Abermals war besorgtes Nicken und betrübtes Brummen die Antwort der
Versammlung.

Wir haben großen Ärger mit Nemo. Es muss also etwas geschehen",
sagte Theo.

„Wir lassen einfach alle Nemos verschwinden!", rief eine Stimme.

„Richtig! Wir werfen sie in den Brunnen vor dem Rathaus!", rief eine
andere Stimme.

„Genau! Sind schließlich Fische!", rief eine dritte Stimme aus der geheimen
Teddybärenversammlung.

In Gedanken stellten sich die Plüschbären vor, wie sämtliche Nemos in den
Brunnen geworfen wurden. Oh, es war eine wunderbare Fantasie! Sie fühlten
sich sehr gut dabei. Wenn nämlich alle Nemos verschwinden würden, müssten
die Teddys die vielen traurigen Kinder trösten. Ja, das wäre wirklich gut!

Auch der alte Theo stellte sich das Verschwinden der Nemos vor. Dann sah er
aber in Gedanken all die traurigen und weinenden Kinder. „Nein!", rief er da
aus. „Nemo macht zwar Ärger, aber dürfen wir den Kindern wirklich so einen
Kummer bereiten, indem wir die dämlichen Glitschfische verschwinden lassen?"

Eine verzagte Stimme war zu hören: „Was können wir denn sonst tun?" –
Keiner der Teddybären wusste eine Antwort. . .

Theo, der weise alte Teddy, sagte schließlich: „Vielleicht sollten wir einfach die Ruhe bewahren."

„Wieso das denn?", rief ein aufmüpfiger Plüschbär.

Da hielt Theo eine richtig lange Rede: „Weil wir Teddybären letzten Endes nur gewinnen können. Wir haben schon so vielen kurzlebigen Modeklimbim überlebt. Denkt nur an die Barbiepuppen, an die unzähligen Plüschmonster und ekelfarbigen Glubschungeheuer. Wir werden nicht in den Ecken verstauben, keine Sorge Brüder und Schwestern! Auch ein Glitschfisch-Nemo wird uns nicht verdrängen. Wir werden es am Ende sein, die an Kinderwangen geschmiegt den Schlaf der lieben Kleinen bewachen werden! Keiner kann zärtlicher gedrückt werden als der altbewährte Teddybär!"

Da brach Jubel los. Die Teddys waren wieder voller Zuversicht. Einer schimpfte noch fröhlich: „Nemo, du kannst uns mal!" Alle Bären lachten und schlichen dann rasch in ihre Kinderzimmer zurück. Sie wussten ja, bald würde es wieder so sein wie immer. . .

DAS PREISAUSSCHREIBEN

Paul Neumann und Franz Scheurer gingen in dieselbe Schulklasse. Franz war
ein ziemlicher Angeber, der stets die teuersten Klamotten hatte und sowieso alles
besser wusste. Allerdings nur vor seinen Klassenkameraden, denn im Unterricht
wusste er selten die richtige Antwort auf die Fragen der Lehrer. . .

In der ersten Pause gab Franz wieder laut an: „He, Leute! Dieses Jahr fahr ich
nach Afrika. Foto-Safari, voll krass!"
„Foto-Safari? Was soll das denn sein?", fragte der kleine Jan. Statt einer
Antwort lachte Franz nur und spottete: „Na du kleiner Depp, hast
wieder keine Ahnung!" Paul fand das unfair. Er nahm Jan zur
Seite und erklärte ihm: „Das ist eine Reise durch die
afrikanische Wildnis. Man kann dabei Fotos von
wilden Tieren machen, Elefanten, Löwen und so."
„Geht natürlich nur, wenn man einen Papa mit
viel Geld hat", grübelte Jan laut vor sich hin.
Paul wusste, was Jan meinte, denn beide hatten
keinen Vater.

Zu Hause erzählte er seiner Mutter von der tollen Abenteuerreise, die Franz machen wird. „Ach Paul, die Familie Scheurer hat eben so viel Geld. Die können überall auf der Welt Urlaub machen", sagte Pauls Mama und fügte lachend hinzu: „Für uns beide reicht's halt nur bis zur Nordsee!"

Als Paul einige Tage später auf dem Heimweg von der Schule war, entdeckte er in einem Schaufenster ein tolles Plakat. Darauf war ein hoher Berg abgebildet. Es musste ein Vulkan sein, auf dessen Gipfel sogar Schnee lag. Und davor stand eine riesengroße Giraffe. Auf dem Plakat war zu lesen: „Gewinnen Sie eine Foto-Safari für zwei Personen!"

Paul war neugierig geworden und fand heraus, dass hier ein Reisebüro ein Preisausschreiben veranstaltete. Also einen Wettbewerb, bei dem man eine Foto-Safari nach Afrika gewinnen konnte. Paul nahm allen Mut zusammen und ging in das Geschäft hinein.

Eine freundliche Dame fragte ihn: „Womit kann ich dir helfen, junger Mann?"

Paul zeigte verlegen auf das Plakat. Da reichte ihm die Dame lächelnd eine Broschüre und sagte: „Du musst nur die Fragen richtig beantworten. Dann kannst du an der Verlosung teilnehmen. Ich wünsche dir viel Glück!"

Gewinnen Sie eine
FOTO-SAFARI
für 2 Personen

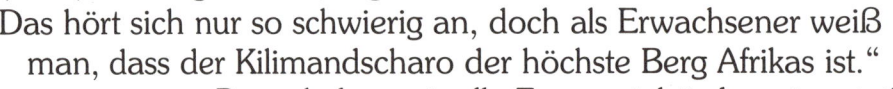

Zu Hause machten sich Paul und seine Mutter neugierig an die Beantwortung der ersten Frage.: „Wie heißen die afrikanischen Wildpferde? Kreuze die richtige Antwort an: Mustang, Tarpan, Muli oder Zebra"

Wie aus der Pistole geschossen kam Pauls Antwort: „Zebra!"

„Nun wird es aber schwerer", sagte Pauls Mutter und las vor: „In welchem Kontinent liegt das Land Kenia? In Amerika, in Asien, in Europa, in Afrika oder in Australien?"

Paul hatte noch nie von so einem Land gehört, aber Mama wusste es und sagte: „Kenia liegt natürlich in Afrika. Und nun zur letzten Frage: Wie heißt der höchste Berg Afrikas: Ruwenzori oder Kilimandscharo?"

„Boh! Das ist aber schwer! Ruwen-wie-war-das-noch? Oder Ki-li-mantsch-din-gens, nee, das ist gemein!", sagte Paul enttäuscht. Mama aber lachte: „Das hört sich nur so schwierig an, doch als Erwachsener weiß man, dass der Kilimandscharo der höchste Berg Afrikas ist."

„Dann haben wir alle Fragen richtig beantwortet?"
„Haben wir – und nun schnell Namen und Anschrift drauf und ab zur Post damit!"
Mitunter meint es das Leben auch gut mit den kleinen Leuten. Es dauerte zwar drei lange Wochen, doch dann flatterte ein dicker Brief in den Briefkasten von Margot und Paul Neumann.
„Sie haben den 1. Preis gewonnen: Zwei Wochen Foto-Safari in Afrika!"

DIE FOTO-SAFARI

Bestimmt seid ihr neugierig, wie das mit Pauls Foto-Safari weiterging. Ihr wisst ja, dass Paul und seine Mutter beim Preisausschreiben eine Abenteuerreise nach Afrika gewonnen hatten. Wie es der Zufall so wollte, waren auch Herr und Frau Scheurer mit ihrem Sohn Franz bei dieser Urlaubsreise dabei. Franz hatte bereits in der Schule endlos damit angegeben: „Wir fahren nach Afrika!"

Es war abzusehen, kaum waren sie in Afrika auf Foto-Safari, da lästerte Franz: „Was hast du denn für ein altmodisches Ding von Kamera! Damit kann man doch keine Fotos machen!" Stolz zeigte er, was für eine coole Ausrüstung er mit sich schleppte. Paul schämte sich, weil er nur so einen billigen uralten Fotoapparat hatte. . .

Aber Pauls Kummer war rasch verflogen, als der freundliche schwarze Fahrer des Safariwagens an einer Wasserstelle hielt. Mann, war das aufregend! Gazellen, Antilopen und Zebras drängten ans Wasser. Und dort, eine Giraffe! Und, tatsächlich, da näherte sich gemächlich eine Elefantenherde der Tränke! Hektisch hantierten die Touristen mit ihren teuren Apparaten. Es klickte und klackte, surrte und summte. Paul schaffte es kaum, mit dem alten Fotoapparat irgendetwas Verwackeltes aufs Bild zu bannen, als der Wagen wieder weiterfuhr. Franz sagte schadenfroh: „Hab ich doch gleich gesagt, totaler Schrott deine ätzende Knipskiste!"

Dieses Spiel wiederholte sich fast jeden Tag. Pauls Kamera war zu unpraktisch, um wirklich gute Bilder schießen zu können. Eines Morgens ließ Paul den Fotoapparat einfach im Safarilager liegen. Franz sagte von oben herab: „Na, hast du endlich eingesehen, dass das nichts wird? Kriegst von mir 'n paar Bilder, wenn wir wieder zurück sind. . ."

Im Safarilager hatte der Verwalter beob-achtet, wie Franz den armen Paul ständig verspottete. Als er Pauls Fotoapparat ver-gessen herumliegen sah, hatte er einen trickreichen Einfall. Er erinnerte sich, dass der Küchenjunge Juma immer Safariführer werden wollte. Er schnappte sich die Kamera, reichte sie dem Jungen und sagte: „Beweise mir, dass du dich auskennst im Busch. Mach mir damit eine Reihe wirklich gelungener Tierfotos!"

Das ließ sich Juma kein zweites Mal sagen. Er eilte in die Savanne und machte Aufnahmen von Gazellen und Zebras, von Büffeln und Elefanten. Es gelang ihm sogar, ein Nashorn zu fotografieren. Als er sich einem dösenden Löwen näherte, sprang dieser mit einem Male hoch. Juma bekam vor Angst weiche Knie! Der Löwe schüttelte seine mächtige Mähne und starrte ihn an. Dann aber gähnte das prachtvolle Tier nur müde. Als Juma das offene Maul des Löwen sah, drückte er schnell auf den Auslöser.

Glücklich und zufrieden kehrten Paul und seine Mama nach diesem aufregenden Abenteuerurlaub nach Hause zurück. Gleich am nächsten Tag ließen sie die Urlaubsfotos entwickeln. Pauls Mutter sagte: „Da sind bestimmt ein paar schöne Erinnerungen dabei, so schlecht ist die alte Kamera nämlich auch wieder nicht!"

Was für eine Überraschung, als sie die Safari-Fotos abholten. Paul traute seinen Augen nicht und fragte: „Mama, hast du die gemacht?" – Aber auch seine Mutter war sprachlos und sagte schließlich: „Egal, wie das passiert ist, es ist deine Kamera – also gehören die Fotos dir!"

In der Schule überreichte Franz dem Paul mit großem Trara die versprochenen Fotos. Paul bedankte sich artig und reichte ihm ebenfalls einige Aufnahmen. Als Franz mit herablassendem Grinsen Pauls Safari-Fotos anschaute, erstarrte er mit offenem Mund, bekam einen roten Kopf und schaute derart ungläubig drein, dass die gesamte Klasse in röhrendes Gelächter ausbrach!

DER VERLORENE RING

Die junge Frau Fischer hatte erst am letzten Sonntag geheiratet. Und nun war ihr beim Spaziergang mit ihrem geliebten Mann der schöne goldene Ehering vom Finger geglitten. Sie suchten eine ganze Stunde lang. Der Ring war verloren. . .

Hoch oben auf einem Baum hatte eine Elster den Vorfall beobachtet. Mit ihren scharfen Augen hatte sie das Schmuckstück längst erspäht. Ihrer Gier nach glitzernden Dingen hatte sie den Spottnamen Glitzergerdi zu verdanken. Sie konnte es kaum erwarten, nach unten zu fliegen, um den Glitzerring in ihr Nest zu entführen.

Das Mausemädchen Annabella spielte mit ein paar anderen Mäusen Verstecken. Da sah sie am Wegrand den Ring blitzen. Schnell schnappte sie sich den unerwarteten Schatz. Gerade noch rechtzeitig, denn Glitzegerdi hatte schon zum Sturzflug angesetzt. Allerdings konnte sie nur noch zuschauen, wie Annabella mit dem verlorenen Ring davonflitzte. „He, der gehört mir!", krähte sie wütend hinterher. Doch schwupp! Schon war Annabella in einem Mauseloch verschwunden.

Neugierig bestaunten die anderen Mäuse Annabellas Fundstück. Aber niemand
hatte eine Ahnung, was man damit anfangen könnte. Beim Herumalbern
mit dem Ring kam Annabella auf die Idee, das schwere Schmuckstück
auf dem Kopf zu balancieren.
„Siehst aus wie eine Königin", piepste ein kleines Mäuschen.
„Genau!", rief eine andere Maus und rasch waren sich alle einig,
aus Annabella eine Mäusekönigin zu machen.

So spielten die Mäuse mit viel Spaß und Fantasie auf der Wiese die Krönung
ihrer Königin Annabella. Das fröhliche Treiben blieb Glitzergerdi nicht verbor-
gen. Als sie Annabella mit der goldenen Ring-Krone erblickte, kannte ihre Gier
keine Grenzen mehr.
„Gib mir das Glitzerding!", krächzte sie und stelzte groß und drohend in die
Mäusegesellschaft. Doch eisern hielt Annabella den Reif fest und sagte:
„Das ist meine Krone! Die habe ich gefunden, also gehört sie mir!"
Glitzergerdi aber schnappte sich in ihrer Aufgeregtheit einfach das
Mausemädchen mitsamt der Krone und flog davon.

Nun brach lauter Tumult los. Die Mäuse schrien: „Glitzergerdi hat Annabella
entführt!" – „Unsere Königin ist geraubt worden!" - Bei diesem Krach kamen
sogar Grabenheinrich und sein englischer Freund George aus der Erde und
wollten wissen, was passiert sei. Als Grabenheinrich von der Entführung
Annabellas erfuhr, sagte er: „Wir müssen sofort den flinken Florian von der
Feuerwehr holen!" – Gemeint war das Eichhörnchen, das so gerne auf dem
Dach der Dorffeuerwehr herumturnte. Und schon waren die Mäuse unterwegs
und holten den flinken Florian. . .

Währenddessen saßen Glitzergerdi und Annabella im Elsternest, in dem allerlei zusammengetragener Krimskrams blinkte. Sie stritten sich immer noch um den goldenen Ring. Aber da fegte bereits der flinke Florian nach oben und kommandierte: „Schluss jetzt mit dem Gezeter!"
Dann befestigte er eine mitgebrachte Wäscheleine am Astwerk und sagte zu Annabella: „Daran kannst du dich abseilen. So erreichst du am schnellsten den sicheren Boden."
„Ich muss aber meine Krone mitnehmen", sagte Annabella.
„Der Glitzerring bleibt hier!", zeterte die Elster.
Da machte der flinke Florian kurzen Prozess, schnappte das Goldgeschmeide, warf es in hohem Bogen vom Baum und sagte streng: „Das Ding gehört keinem von euch beiden!"
Nun fiel weder dem Mausemädchen noch der Elster eine schlaue Antwort ein und sie schwiegen lieber. . .

„So, nun kannst du dich aber endlich abseilen", sagte Florian. Unter dem Jubel der Mäuseschar ließ sich Annabella an der Wäscheleine in die Tiefe gleiten. . .

Am Nachmittag desselben Tages ging die junge Frau Fischer mit ihrem Mann spazieren. Plötzlich stutzte sie und rief erfreut: „Schau doch, da liegt mein verlorener Ring!"
Ihr Mann sagte: „Siehst du, man hat immer mal wieder Glück im Leben. Das tröstet dich bestimmt darüber hinweg, dass dir heute die alte Wäscheleine geklaut wurde, nicht wahr?"

TIMO UND DER FLIEGENDE TEPPICH

Timo machte mit Mama und Papa Urlaub. Und zwar in einem Land, wo das ganze Jahr über die Sonne vom Himmel schien. Man konnte am Meeresstrand herumtoben und sich ins warme Wasser stürzen. Man konnte aber auch durch verwinkelte Gassen bummeln, wo in unzähligen Geschäften allerlei wunderliche Dinge auslagen. Die Händler lockten die Urlauber mit schmeichelnden Worten in ihre Bazare: „Komm rein! Nur gucken, nix kaufen! Alles billig, billig!"

Sie erreichten einen Bazar, wo Teppiche in allen möglichen Größen angeboten wurden. Welch ein buntes Treiben hier herrschte! Überall stapelten sich Bettvorleger, Läufer und Teppiche. Sie lagen aufgerollt in Regalen, hingen von Stangen, wurden von einem Stapel auf einen anderen umgeschichtet, gebürstet und lautstark angepriesen.

Mama sagte: „Timo wollte doch immer so einen kleinen orientalischen Teppich für sein Zimmer haben."

„Oh ja! Bitte!", rief Timo begeistert. Einer der Händler hatte sie längst als Kunden erspäht. Freundlich bedrängte er sie: „Alles beste Orientteppiche! Sie nix bekommen bessere Teppiche in ganzes Bazar! Alles prima Ware, alles prima gut und viel billig!"

Auch wenn der Teppichhändler einige lustige Fehler machte, so sprach er doch ziemlich gut deutsch. Timo fragte ihn: „Haben sie auch fliegende Teppiche?" „Klar, alles fliegende Teppiche!", lachte der Mann und zwinkerte Timos Eltern verschwörerisch zu. Papa sagte: „Junge, lass dich doch nicht veräppeln!"

Timo war gekränkt, weil ihn niemand ernst nahm. Dabei hatte er schon so viel über fliegende Teppiche gelesen. Mürrisch stöberte er im Bazar herum. Im hintersten Winkel fand Timo einen verstaubten kleinen Teppich auf dem Boden liegen. „Den möchte ich haben," sagte er.

Mama versuchte Timo umzustimmen: „Der ist aber nicht schön. So alt und dreckig. . ."

„Doch, den möchte ich, bitte!", beharrte Timo. Der Bazarinhaber schaute ein wenig unglücklich drein und sagte: „Altes Stück, liegt schon immer hier in Ecke. Ich weiß nix, ob gut ist, zu verkaufen. . ."

„So einen habe ich einmal in einem Buch abgebildet gesehen. . .", wollte Timo erklären. Aber Papa winkte ab: „Du und deine schlauen Bücher!"

Letzten Endes gaben Timos Eltern nach und kauften den „dreckigen Bettvorleger", wie Mama genervt sagte. Der Teppichhändler machte kein zufriedenes Gesicht. Er machte vielmehr den Eindruck, als hätte er gerade einen Fehler gemacht. Nur Timo strahlte vor Glück. Er hatte genau den Teppich, den er sich schon immer gewünscht hatte. . .

Kaum waren sie wieder zu Hause, da stürzte sich Timo auf seine Bücher. Es dauerte eine Weile, aber schließlich hatte er das alte Märchen über den fliegenden Teppich gefunden. „Ich wusste es doch!", triumphierte er. Die Abbildung des Teppichs zeigte genau das gleiche Muster wie sein Bettvorleger. „Und es ist doch ein fliegender Teppich!", sagte Timo und zeigte seinen Eltern stolz das Bild aus dem Märchenbuch.

FOGO ZÜNDELT

Hatten wir es nicht alle befürchtet? Natürlich konnte es Fogo nicht lassen, ab und zu auszuprobieren, ob es noch klappt mit dem Funkensprühen. „Davon wird man bestimmt nicht gleich zum Drachen!", beruhigte er sich, und fauchte und zischte und zündelte weiter.

Papa und Mama Saurus waren stets darauf gefasst, dass sich Fogo auch irgendeine Verrücktheit angewöhnen könnte. Dragos und Pudis Macken waren allerdings zu ertragen. Die beiden hatten halt Spaß an ihrem außergewöhnlichen Können, Stimmen nachzumachen und Farben zu wechseln. . .

Fogos schrulliges Fauchen war mittlerweile kein Geheimnis mehr. Papa ahnte, dass er das Feuerdrachenfieber ausbrütete. Das war dieser Drang, sich unbedingt als Flammenspucker hervortun zu müssen. Ganz früher steckte man solche Dinokinder kurzerhand so lange in ein Wasserloch, bis sie sich das Feuerspucken abgewöhnt hatten. Papa und Mama nahmen sich vor, ihr Sorgenkind im Auge zu behalten. . .

Als es Fogo eines Tages gelang, einen richtigen Feuerstoß aus seinem Hals zu schleudern, brüllte er vor Begeisterung: „Waaahnsinn!!!" Jetzt gab es kein Halten mehr! Er rannte zu einem nahen Gebüsch. Dort setzte er einige prächtige Baumfarne in Brand! Einfach so, aus Jux und Tollerei! Und als die Flammen himmelhoch loderten, brüllte er wieder begeistert: „Waaahnsinn!!!"

Da war im wahrsten Sinne des Wortes die Hölle los! Von allen Seiten
kamen die Dinos und der kleine Fogo bekam es knüppeldick: „Bist du total
übergeschnappt!?" – „Pfui, du Feuerteufel!" – „Schäm dich, du mieses
Drachenmonster!" – „Ins Wasserloch sollte man dich stecken!" – „Ja, aber
kopfüber! Und kräftig den Hintern versohlen!!!" – Es war furchtbar. Fogo hätte
sich am liebsten freiwillig in das tiefste Wasserloch verkrochen, so schämte er
sich mit einem Mal. . .

Diesmal allerdings musste Fogo schwören, niemals wieder, aber wirklich nie-
nie-niemals wieder Drachenfeuer zu spucken! Er war so kleinlaut, dass er
sogar geschworen hätte, überhaupt nicht mehr zu atmen. Aber, das hätte
natürlich nicht geklappt! So wurde er einfach nur ein lieber und gehorsamer
Dinosaurierbub. . .

Es war einige Zeit ins urweltliche Land gezogen. Ab und zu trafen sich die
Dinofamilien, plauderten, ließen die Kinder miteinander spielen und freuten
sich des Lebens. So auch heute. An einem Tag wie jeder andere, hätte man
meinen können. Doch hinter den nahen Hügeln näherte sich das Unheil: Ein
fleischhungriger, griesgrämiger Riesensaurier! Richtig, diesmal war es wirklich
ein Furcht erregender Tyrannosaurus Rex! Es dauerte nicht lange, da stürzte er
sich mit „Woooaaarrrch!!!" auf die ahnungslosen Dinos. . .

Stellt euch vor, ihr wäret in so einer Situation gewesen. Was hättet ihr getan? Ihr wärt davon gelaufen? Dazu wäre es längst zu spät gewesen. Obwohl, die Schnellfüßigsten wären bestimmt davongekommen. Ihr hättet euch gewehrt? Das wäre tapfer – aber auch sinnlos gewesen gegen einen derart starken Riesen. Es sei denn? Aha! Es sei denn, man hätte etwas gehabt oder etwas tun können, das sogar einen Tyrannosaurus eingeschüchtert hätte!

So geschah es dann auch. Als die Dinos so richtig blöd und in Angst erstarrt dastanden, erinnerten sich drei Dinokinder, dass sie sich eigentlich wehren konnten. Dino brüllte sein grausigstes Super-Tyrannus-Woooaaarch! Pudi blitzte in den scheußlichsten Giftfarben! Und, na klar, der kleine Fogo knallte dem Schreckgespenst-Saurier einen derart höllenheißen Feuerstoß vor den Latz, dass dieser jaulend die Flucht ergriff!

In diesem Augenblick wusste Fogo ganz genau, dass ihm bestimmt niemand böse sein würde, weil er sein heiligstes Versprechen gebrochen hatte, nämlich niemals wieder zu zündeln!

TIMO FLIEGT ZU DEN BEDUINEN

Nun also hatte Timo einen fliegenden Teppich als Bettvorleger. Wie aber sollte er das Ding zum Fliegen bringen? Timo versuchte alles Mögliche. Er setzte sich mit gekreuzten Beinen auf den Teppich und band sich einen Turban um den Kopf. Er probierte es mit anfeuernden Rufen: „Los! Flieg Teppich, flieg!" Er versuchte es mit „Simsalabim!", mit „Abrakadabra!" und anderen Zauberformeln. Es half nichts. Der fliegende Teppich war anscheinend doch nur ein „dreckiger Bettvorleger", wie Mama gesagt hatte. . .

Timo war enttäuscht. Da hatte er so viel über fliegende Teppiche und fremdartige Länder gelesen. Und er hatte sich ausgemalt, wie er Gefahren und Abenteuer als Held tapfer überstehen würde.

Eines Abends saß Timo wieder einmal traurig auf seinem Bettvorleger. Nervös fummelte er an einer kleinen Quaste, einem Bommel am Ende des Teppichs. Bislang hatte er dieses Anhängsel nicht besonders beachtet. Doch jetzt, mit einem Male, kam Leben in den Bettvorleger, sobald er an dem Ding zog. Sollte das des Rätsels Lösung sein?

Dann geschah alles viel zu schnell. Timo konnte sich gerade noch festklammern, und schon sauste er hoch über den Dächern dem aufgehenden Vollmond entgegen! Ein sehr befremdliches Gefühl erfasste den Jungen. Er hatte überhaupt keine Angst. Ja, er fühlte sich tatsächlich wie einer der Helden aus seinen abenteuerlichen Märchenbüchern. Und er flog zielstrebig durch die Nacht. So, also ob er genau gewusst hätte, wohin die Reise ging. . .

Natürlich konnte Timo nicht wissen, wohin ihn der fliegende Teppich bringen würde. Als der Morgen dämmerte, sah er Wasser unter sich. So ein riesiges Gewässer konnte nur das Meer sein. Aber welches Meer? Hatte Papa nicht einmal gesagt, dass es weitaus mehr als die berühmten sieben Meere gäbe?

Doch bald sollte das blaue Meer hinter ihm liegen und er erreichte ein ganz anderes Meer. So weit er schauen konnte, erblickte er Wogen aus Sand. Ein Meer voller Sanddünen, die wie Wellen bis zum Horizont rollten. Jetzt verstand er, weshalb man die Wüste auch Sandmeer nannte.

Doch was war das dort unten? War das eine Karawane? Timo erblickte Kamele und abenteuerliche Gestalten in wallenden Gewändern! Das mussten Beduinen sein. Und so, als ob das eine der einfachsten Übungen für einen fliegenden Teppich wäre, landete Timo sanft im Sattel eines der besten Kamele. Nun ging es im Schaukelschritt durch die Wüste. Das war schon ein sehr eigenartiges Gefühl, so hoch oben auf einem Kamel zu reiten. Die Beduinen sahen ziemlich wild und verwegen aus. Aber sie begrüßten ihn alle freundlich und taten so, als ob sie ihn längst erwartet hätten. Eigenartigerweise verstand er ihre Sprache. Sie reichten ihm süße Datteln und fragten, ob er einen guten Flug gehabt hätte. Und als Timo nach einer Weile auf seinem Teppich wieder davonflog, riefen sie hinterher: „Komm bald wieder, kleiner Freund!"

Er hatte noch den freundlichen Ruf der Beduinen im Ohr, als er mitten in der Nacht auf seinem kleinen Teppich aufwachte. Noch etwas durcheinander kroch er müde unter die Bettdecke. Es kam aber auch vor, dass ihn seine Eltern schlummernd auf dem Bettvorleger fanden. Dann hob ihn Papa vorsichtig ins Bett. Aber jeden Abend reiste Timo auf dem fliegenden Teppich zu seinen Freunden in die Wüste, wo er stets spannende Abenteuer erlebte. Und jedes Mal, wenn er wieder nach Hause flog, riefen die Beduinen hinter ihm her: „Komm bald wieder, kleiner Freund!"

SEPP, DER PFIFFIGE HIRTENJUNGE

Sepp lebte das einfache Leben eines Hirtenjungen. Er hütete die einzige Kuh seiner Eltern. Morgens trieb er sie auf die Almwiesen und abends brachte er sie zurück in den Stall. Stets blieb er in der Nähe der Kuh, denn er wusste, wie wertvoll sie für die Familie war. Sie waren halt einfache Leute, Sepp und seine Familie. Aber der Hirtenjunge fühlte sich zufrieden und frei. Zeit spielte keine Rolle, denn davon hatte er reichlich.

Er liebte die bunten Sommerwiesen. Oft legte er sich ins Gras und träumte den ziehenden Schönwetterwolken hinterher. Oder er beobachtete Schmetterlinge und Bienen, spielte mit den Grillen und Fröschen und war einfach glücklich. Eines Tages kam ein Urlauber aus der Stadt vorbei. Stramm marschierte er auf dem Weg durch die malerischen Almwiesen. Er hatte keinen Blick übrig für die Schönheit der Bergwelt. Er wirkte gehetzt, so, als ob er überhaupt keine Lust zu einer Bergwanderung hätte. Und tatsächlich war er der Ansicht, dass er hier nur Zeit vergeudete. Zeit, die er viel lieber in seinem Büro verbracht hätte, um noch mehr Geld zu verdienen. . .

Da erblickte er den Hirtenjungen im Gras liegend. Neben ihm eine Kuh, eigentlich ein Bild wie aus einem Werbefilm für die Bayerischen Berge. „Dieser Faulenzer", ärgerte sich der Wanderer in Gedanken. „Ob der überhaupt eine Ahnung hat, wie wertvoll diese vergeudete Zeit ist?"

„Grüß Gott", sagte Sepp höflich, als der Mann vor ihm stehen blieb. Statt den freundlichen Gruß zu erwidern, fragte dieser schroff: „Weißt du eigentlich, wie spät es ist?"

Sepp lachte fröhlich, streckte seinen Arm aus und fasste der Kuh lässig an das große dicke Euter. Dann sagte er: „'S ist genau elf Minuten vor zehn."

Der Mann schritt mit einem knappen „danke" eilends weiter und schielte heimlich auf seine teure Armbanduhr. Auf die Sekunde genau zeigte sie elf Minuten vor zehn Uhr.

„Unglaublich!", murmelte er. „Wie will dieser Dorftrottel am Euter einer Kuh die Zeit so genau ablesen können?"

Noch schlechter gelaunt als vorher eilte er weiter. . .

Als der Wanderer auf dem Rückweg wieder zu den malerischen Almwiesen gelangte, sah er den glücklichen Hirtenjungen immer noch im Gras liegen und in den blauen Himmel hineinträumen. Da packte ihn eine grimmige Neugier. Abermals stellte er sich vor den Jungen und fragte grob: „Wie spät?"

Sepp reckte sich, fasste der Kuh ans Euter und sagte: „Drei nach elf."

„Ja, bin ich denn bekloppt?", schrie hierauf der miesepetrige Urlauber erzürnt. „Wie willst du an einem Kuheuter die Uhrzeit ablesen können?"

„Ganz einfach", lachte da der pfiffige Hirtenjunge. „I heb das Euter a bisserl hoch weil's mir den Blick ins Tal versperrt. Schauens doch, da unten ist die Kirchturmuhr. Und die zeigt jetzt genau drei Minuten nach elf!"

DER VERLIEBTE KRABBELKALLE

In einem abgeschiedenen Tal hinter bewaldeten Hügeln lag ein geheimnisvoller Wiesengrund. Dort, zwischen bunten Wildblumen und raschelnden Grashalmen, lebte die Blumenelfe Florianna. Sie teilte ihren heimatlichen Wiesengrund mit allerlei kleinen Lebewesen. Da waren Käfer und Schmetterlinge, Raupen und Grillen, Mäuse und sogar Kobolde. Alle verehrten die kleine Blumenelfe. Kerfi, einer der Wiesenkäfer, nannte sie gerne etwas übertrieben „Florianna, unsere herzallerliebste Elfenprinzessin". Aber, sie war ja wirklich ein liebreizendes Wesen.

Kalle, die dicke Krabbelraupe, war allerdings regelrecht in Florianna verliebt. Stets versuchte er in ihrer Nähe zu sein. Wenn die Blumenelfe in leichtem Tänzelschritt über eine Reihe bunter Blütenkelche huschte, dann war die Krabbelraupe in argen Schwierigkeiten. Kalle hatte zwar viele Beinchen, aber die waren kurz, dick, haarig und vor allem furchtbar langsam. Mühsam trappelte Kalle dann hinter Florianna her, musste Umwege über Grashalme und Blätter machen, um endlich wieder seine verliebten Blicke auf die Elfe werfen zu können.

Endlich nahm Kalle allen Mut zusammen und fragte die Blumenelfe: „Willst du mich heiraten?" - Florianna war so erschrocken, dass sie nicht wusste, was sie antworten sollte. Sie wollte dem netten Kalle nicht wehtun. Aber die dicke Krabbelraupe heiraten? Nein, das mochte sie nicht. Bevor sie allerdings antworten konnte, fingen einige Wiesenbewohner an zu lachen. Sie hatten in der Nähe gelauscht und trieben nun ihre groben Späße mit der verliebten Raupe. Einer der Kobolde rief: „Da ist ja ein fetter bleicher Engerling ein viel hübscherer Kerl als dieser alberne Krabbelkalle!"

Florianna protestierte: „Seid nicht so gemein! Kalle ist doch ein lieber Kerl."
Da sagte Kalle: „So hässlich, wie ich aussehe, bin ich eigentlich gar nicht! Meine Schönheit kommt von innen, sie muss nur noch wachsen. . ." – Nun brachen die Wiesenbewohner in schallendes Gelächter aus und feixten: „Meine innere Schönheit muss noch wachsen, hahahaha!"

Daraufhin zog sich Kalle beleidigt zurück. Er verschwand einfach ohne ein weiteres Wort und suchte sich ein stilles Plätzchen. Dort machte er das, was alle Raupen irgendwann in ihrem Leben tun. Kalle verpuppte sich. Er wickelte sich in lauter feine Seidenfäden ein, bis er nicht mehr zu sehen war. In diesem weichen Nest dann wurde aus der Raupe Kalle eine Insektenpuppe. Und eines Tages schlüpfte aus dieser Puppe ein prachtvoller Schmetterling!

Florianna hatte sich sehr gewundert, dass Kalle nie wieder aufgetaucht war. Sie sollte sich noch mehr wundern, als sie eines Tages von einem wunderschönen Schmetterling angesprochen wurde: „Hallo Florianna, kannst du mir vielleicht sagen, wo Kalle steckt?"

Verdutzt fragte die Elfe zurück: „Woher kennst du meinen Namen, du kecker schöner Falter? Dich habe ich hier noch nie gesehen. Und woher kennst du Kalle?"

Da lachte der Schmetterling und sagte: „Das sind viele Fragen auf einmal. Dich, Florianna, kenne ich schon lange. Mein Name ist übrigens Carlos. Aber du kennst mich vielleicht noch als Kalle, die Krabbelraupe. . ."

Ihr könnt euch vorstellen, dass Florianna vor Verblüffung kein Wort mehr sagen konnte. Und sie schämte sich, dass sie Kalles Liebeserklärungen nicht ernst genommen hatte. Auch alle anderen im Wiesengrund waren ziemlich beschämt und kleinlaut. Doch Carlos, der schöne Schmetterling, sagte: „Seid unbesorgt, ich bin keinem von euch böse!"

Natürlich fragte er dann die Blumenelfe noch einmal, ob sie ihn heiraten wolle. Floriannas Antwort wurde dieses Mal vom Jubel sämtlicher Wiesengrundbewohner begleitet. . .

MAX UND MIA WOLLEN NICHT SCHLAFEN

Der Herbst zog ins Land. Das Laub der Bäume färbte sich bunt, und überall gab es süße Beeren und knackige Nüsse für Max, die kleine Haselmaus.
„Iss dich tüchtig satt, denn bald halten wir Winterschlaf!", sagte Mama Haselmaus.
Max, der geschickt in einem Busch herumturnte, meinte aber: „Ich will doch gar nicht schlafen!" Er fand das Leben viel zu spannend, um es mit einem langen Winterschlaf zu vergeuden.

Auch das Igelmädchen Mia sollte sich satt und rund fressen für den Winter. Sie stöberte im Laub nach Leckerbissen und rief ihrem Freund Max zu: „Musst du auch den ganzen Winter über schlafen?"
Angeberisch rief der Haselmausjunge: „Papperlapapp! Sollen doch alle pennen so lange sie wollen! Ich jedenfalls werde mir den Winter anschauen!"
Neidisch sagte Mia: „Das würde ich auch gerne tun. Einmal richtigen Schnee erleben!"
Da schlug Max vor, sich gemeinsam heimlich davonzuschleichen. „Sobald der Winter kommt", sagte Max.
„Sobald der Winter kommt", antwortete Mia.

Der Winter ließ nicht lange auf sich warten, und eines Morgens fing es an zu schneien. Die Igel verkrochen sich unter Gehölz und Laub. Auch die Haselmäuse zogen aus ihren Baumnestern hinab in warme Erdhöhlen. Und viele andere Tierfamilien verkrochen sich, um bis zum Frühling zu schlummern. . .

Max und Mia trafen sich, wie versprochen. Furchtlos stapften sie in die weiße Winterwelt. Sie machten jeden Spaß, den man mit Schnee machen kann. Sie versuchten Schneeflocken zu fangen. Sie probierten, wie sie schmeckten. Sie bauten einen Schnee-Igel und eine Schnee-Haselmaus. Sie tauchten kopfüber in die tiefe weiße weiche Pracht und natürlich machten sie eine Schneeballschlacht.

„Und was machen wir jetzt?", fragte Max noch völlig außer Atem.

„Wir könnten ja mal so richtig ganz, ganz weit hinaus in die fremde Welt wandern", schlug das Igelmädchen vor. Dabei funkelten Mias Augen vor Abenteuerlust. Max wollte sich von einem Mädchen natürlich nichts vormachen lassen und sagte: „Klar, lass die anderen ratzen und röcheln! Wir beiden ober-coolen Schlauköpfe werden es allen zeigen und die wilde Winterwelt erobern!"

Die kleinen Draufgänger waren irgendwo in der weißen Wildnis, als ein riesiger Schatten über sie fiel. Vor Schreck versanken sie fast im Schnee. Über ihnen erschien der Kopf des alten Ackergauls Paule, der sie vorwurfsvoll fragte: „Müsstet ihr nicht längst Winterschlaf halten?"

Etwas vorsichtiger wanderten sie weiter. Sie spürten, dass sie hungrig wurden. Aber weit und breit gab es nur Schnee, der nicht satt machte. Hinter einer Bodenwelle erblickten sie eine Katze. Sofort machten sie sich noch kleiner und Max flüsterte: „Die lauert auf Mäuse, die aus ihren Schneelöchern kommen. Die frisst bestimmt auch Haselmäuse, so gemein wie die aussieht!" Mia ermahnte Max, um Gottes Willen still zu sein. Zum Glück verzog sich die Katze endlich.

Aber kurz danach kam, oh grausamer Schreck, der Hund vom Bauernhof angerannt. Der Schnee flog in weißen Fetzen, und die beiden Kleinen fanden, dass er so laut bellte wie zehn Hagelsturm-Kanonengewitter gleichzeitig. Max flitzte in totaler Panik im Zickzack davon. Das Igelmädchen hätte da niemals mithalten können. Hilflos war es dem Hofhund ausgeliefert, der vermutlich nur neugierig war. Aber Mia war sich sicher, dass er sie fressen wollte. Da fiel ihr ein, was Mama stets gesagt hatte: „Wenn du einen Hund siehst, musst du dich sofort einigeln!" – Genau das tat Mia in dem Augenblick, als der Hofhund über ihr zum Stehen kam. Als er die stachelige Kugel mit seiner Schnauze anschubste und ins Maul nehmen wollte, jaulte er vor Schmerz auf. Sofort ließ er die Igelstachelkugel in den Schnee plumpsen. Nein, das war nichts für ihn! Enttäuscht machte er sich davon. . .

„Puh, das war knapp!", sagte Max, der sich wieder zu Mia gesellt hatte. Dann überlegte das Igelmädchen etwas kleinlaut: „Meinst du nicht, dass wir genug vom Winter gesehen haben? Es ist kalt, es gibt nichts zu fressen und überall lauern Gefahren – ich glaube, ich geh nach Hause und mach meinen Winterschlaf!"
Max wusste keine schlaue Antwort und sagte einfach: „Wenn du meinst?"
Zum Abschied sagte Max aber noch: „Weck mich, wenn der Schnee geschmolzen ist!"
„Also dann, bis zum Frühling!", antwortete Mia – und beide krochen müde in ihre gemütlichen Winterschlaf-Kuschelbetten. . .

LADI UND RICO

Brasilien ist ein riesiges Land in Südamerika. Dort gibt es berühmte Städte, wie Rio de Janeiro oder den Amazonas, der so viel Wasser transportiert wie kein anderer Fluss der Welt. Der größte Regenwald der Erde ist in Brasilien und es gibt endlose Strände am Meer mit einsamen, von Palmen umsäumten Buchten. An so einem Traumstrand lebte Ladi.

Sie wohnte mit ihrer Mutter in einer armseligen Hütte. Damit sie ein wenig Geld zum Leben hatten, musste Ladis Mama bei einer reichen Familie als Kindermädchen arbeiten. Trotzdem war Ladi kein trauriges Mädchen. Sie war zwar oft allein, aber ihr Lächeln war stets fröhlich. Ob es daran lag, weil sie Sonne, Sand und Wasser im Überfluss hatte? Oft schwamm sie weit hinaus aufs Meer. Mama ermahnte sie immer wieder zur Vorsicht. Doch wenn Mama zur Arbeit ging, war Ladi ganz allein auf sich gestellt.

Im Meer tummelten sich derweil tausende von Kreaturen. Es gab Schwärme schimmernder Fische. Auf dem Meeresgrund krabbelten Krebse und Krabben. Auch Raubfische zogen durch das Blau des Wassers, da und dort sogar ein Hai. Regelmäßig kam eine kleine Schule Delfine in die Bucht. Da war auch ein junger Delfin dabei, der stets neben seiner Mama schwamm. Ihr wisst ja, dass Delfine keine Fische sind. Sie müssen Luft holen wie wir Menschen. Deshalb kommen sie regelmäßig an die Oberfläche, um tief einzuatmen. Dabei vollführen sie beeindruckende Sprünge, überschlagen sich und machen ausgelassene Späße. Trotzdem fühlte sich der junge Delfin ein bisschen allein gelassen. Er hatte keinen gleichaltrigen Spielkameraden, mit dem er im Meer hätte herumtollen können. . .

Ladi war wieder mal weit hinausgeschwommen. Da tauchten die Delfine neben ihr aus der blauen Tiefe auf und machten ihre spritzigen Späße. Der junge Delfin kam ganz dicht heran. Er lächelte und quiekte und schubste Ladi mit seiner Nase ganz leicht in die Seite.
„He! Du willst wohl mit mir spielen!", lachte sie. Wie zur Antwort schwamm der Delfin unter Ladi hindurch und – aber was war das? Er hob das Kind hoch, so dass es einen regelrechten Hechtsprung machte. Ladi juchzte vor Vergnügen – und der Delfin wiederholte seine Spielereien.

Stolz erzählte Ladi ihrer Mama, dass sie einen ganz tollen Freund gefunden habe. Die Mutter fragte erschrocken: „Einen Freund? Bist du nicht ein bisschen zu jung dazu? Wer ist es denn?"
„Er heißt Rico", antwortete sie. Und als Ladi weiter berichtete, dass Rico ein Delfin sei, sagte die Mutter: „Um Gottes Willen Kind, du musst Fieber haben!"

Da führte Ladi ihre Mutter an den Strand. Dort rief sie: „Rico! Riii-co!!!" – Es dauerte nicht lange, da sprang draußen auf dem Meer ein Delfin hoch aus dem Wasser und eilte in schnellen, langen Sprüngen ans Ufer. Ladi rannte ihm Wasser spritzend entgegen und die beiden vollführten ihr ausgelassenes Spiel in den Wellen. . .

Eines Tages kam überraschender Besuch. Es war die Familie, bei der Mama üblicherweise die Kinder hütete. Die Familie wollte einen Ferientag am Strand verbringen. Ladi und Mama halfen, die mitgebrachten Picknickkörbe, Liegen, Spielsachen und allerlei Krimskrams aufzubauen. Die Kinder, Emilia und Gilberto, waren furchtbar verwöhnt und eigensinnig. Mal war es ihnen zu heiß, dann wieder war das Wasser zu kalt, oder war das Meer sogar zu nass und Papa sollte ein trockenes Meer kaufen? Ladi fand es gar nicht komisch, wie die Kleinen ihre Eltern drangsalierten und verstand, dass Mama es bestimmt nicht leicht hatte als Kindermädchen. . .

Und dann passierte es! Gilberto, der kleine Angeber, war unbemerkt viel zu weit hinausgeschwommen. „Hilfe!", schrie er, spuckte Wasser und versank in den Fluten. Alle gerieten in Angst und Panik und wussten nicht, was sie tun könnten, um das Leben des dummen Jungen zu retten! Nur Ladi zögerte keine Sekunde und köpfte Gischt spritzend ins Meer. Obwohl sie wie eine Weltmeisterin schwamm, sie konnte Gilberto nicht mehr vor dem Ertrinken retten. Da rief sie: „Riii-co! Riiiiii-co!!!"

Die entsetzten Eltern, Ladis Mama und die weinende Emilia beobachteten ungläubig, was nun geschah. So, als ob Rico den ertrinkenden Jungen längst erspäht hatte, war er auch schon zur Stelle und drückte ihn sachte an die Wasseroberfläche. Derweil kraulte Ladi zielstrebig weiter und erreichte die Unglücksstelle. Gilberto jappte nach Luft. Er schaffte es endlich, wieder durch-zuatmen. Ladi rief: „Halt dich an der Rückenflosse fest!" Sie machte es ihm vor – und Rico zog die Kinder zügig bis ans rettende Ufer. . .

Die wunderbare Rettung Gilbertos brachte für Ladi und ihre Mutter eine ebenso wunderbare Wende in ihrem Leben. Aus Dankbarkeit versprachen Gilbertos Eltern, ein schö-nes Häuschen an den Strand bauen zu lassen und sich um das Wohlergehen der beiden zu kümmern. Als Ladis Mama so viel Großzügigkeit abwehren wollte, sagte der Vater: „Sie wissen doch, dass das Leben eines Kindes mit allem Reichtum der Erde nicht aufzuwiegen ist! Wir wollen einfach, dass Sie und ihre mutige Ladi - und dieser außergewöhnliche Delfin Rico ebenso glücklich sein können, wie wir es sind!"

EINE VERRÜCKTE IDEE

Kinder kommen gerne mal auf verrückte Ideen. Auch Tierkinder wissen, wie man sich das Leben spannend macht. Das Kängurumädchen Kathi und der kleine Waschbär Waldemar überlegten, ob sie nicht mal die Mütter tauschen sollten. Kathi sagte: „Du bist sowieso immer so müde. Im Beutel meiner Mama kannst du den ganzen Tag schlafen."
Waldemar überlegte: „Und wie willst du in unsere Baumhöhle klettern?"
„Na, da fällt uns doch sicher noch etwas ein!", rief Kathi und hoppelte davon, um ihrer Mama diese supertolle Idee mitzuteilen. . .

Die Mütter waren einverstanden, obwohl sie ein bisschen genervt taten.
Frau Känguru stöhnte: „Ach ja, unsere kleine Kathi hat ja immer so verrückte Einfälle!"
Frau Waschbär machte sich Sorgen: „Ich hoffe nur, dass es ihre Kleine überhaupt in unser bescheidenes Baumhaus schafft!"

So war also alles klar für den Müttertausch. Frau Känguru nahm den kleinen Waldemar in ihrem Beutel als Pflegekind auf. Als Waldemar aus dem Beutel herausschaute riefen alle Tiere: „Ach schaut nur, wie süüüß!"
Frau Waschbär lockte ihr gar nicht so kleines Pflegekind.
Es klang schon irgendwie ein bisschen spöttisch: „Nun komm schon kleine Kathi, mach hopp hopp und hüpf in dein neues Zuhause!"

Es stellte sich heraus, dass dieser Teil des
Müttertausches die beste Unterhaltung
seit langem war! Kathi nahm Anlauf,
machte Riesenkängurusprünge
– und krachte mit Karacho gegen den
Wohnbaum der Waschbären. Kathi war
aber hart im Nehmen. Sie erreichte den
ersten Ast, der allerdings unter ihrem
Gewicht in die Tiefe sauste. Kathi stand
auf, schüttelte sich und rief: „Hat jemand
einen Vorschlag, wie ich endlich nach
Hause zu meiner Pflegemama kommen
könnte?"

Es gab tolle Vorschläge. Eine Rakete
sollte Kathi in den Baum schießen. Ein
Luftballon wäre auch nicht schlecht. Man
könnte die Feuerwehr rufen. Wie wär's
denn, wenn Kathi mit einem Fallschirm
abspringen würde? Man könnte natürlich
auch den Baum umsägen, dann wäre
die Baumhöhle erreichbar. Es war ein
Riesenspaß!

Mit einer Räuberleiter, mit Schieben,
Zerren, Schubsen und Ziehen klappte es
dann doch noch, das Kängurumädchen
in die Waschbärenwohnung zu bugsie-
ren. Etwas verbeult schaute Kathi aus der
Baumhöhle in die Tiefe. Für Waldemars
kleine Schwester Waltraut war allerdings
kein Platz mehr. Beleidigt zog sie sich auf
die Äste des Baumes zurück.

Waldemar hingegen fand es zunächst sehr schön im Kängurubeutel. Er konnte sich tief hineinkuscheln und endlos schlafen oder sich die Welt im Hoppelschritt der Pflegemutter anschauen. Aber das Geschaukel machte ihn schließlich regelrecht seekrank.

„Ich glaube, mir wird schlecht!", rief er und fühlte sich gar nicht mehr wohl.

Währenddessen hockte Kathi eingezwängt in der unbequemen Baumhöhle. Vom andauernden In-die-Tiefe-Starren wurde ihr richtig schwindelig. Nein, das war überhaupt nicht schön, so hoch oben!

„Mir wird schlecht!", rief sie jämmerlich.

So kam es, dass die Pflegekinder so rasch wie möglich wieder zu ihren eigenen Müttern zurückkehrten. Für Waldemar war das kein Problem. Aber Kathi war ja hart im Nehmen und verbeult sah sie sowieso schon aus. Also ging's holterdiepolter zurück auf sicheren Boden. Und schon am nächsten Tag hatte Kathi wieder eine völlig verrückte Idee. . .

DER KÜHNE KUNI

In der Burg oberhalb des Dorfes wohnte
der Ritter Reginald. Aber alle nannten
ihn den kühnen Kuni, weil alle meinten,
dass ein zünftiger Ritter Kunibert heißen
sollte. Und weil er ein so hübscher Kerl war, träumten alle Burgfräulein und die
Mädchen aus dem Dorf davon, den kühnen Kuni zu heiraten. Der Ritter hatte
allerdings ein ganz anderes Problem zu lösen.

Im Dorf ging die Angst um. „Im Wald lauert ein Drache, ein grausiger
Lindwurm!", sagten die Dorfbewohner und verlangten von Kuni, das Untier
zu töten.
„Wer von euch hat überhaupt den Drachen gesehen?", fragte der Ritter das
ängstliche Volk. Niemand meldete sich. Was allerdings keiner im Dorf auch
nur ahnte: Kuni war dem Fabeltier begegnet. Ja, es gab tatsächlich einen
Drachen dort hinten im finsteren Wald!

Es war schon eine Weile her, da war Kuni in die Tiefe der Wälder eingedrun-
gen. Er war nun mal ein neugieriger junger Ritter. Natürlich wollte er auch
beweisen, wie kühn er war. Als er aber mit einem Male vor einem richtigen
Drachen stand, wurde es ihm doch ziemlich mulmig. Zitternd ergriff er sein
Schwert, obwohl er genau wusste, dass er gegen den Lindwurm keine Chance
hatte. Drachen konnte man nur töten, wenn sie in tiefem Schlaf vor ihren
Höhlen lagen. Dieser aber stand direkt vor ihm. Was heißt da vor ihm, er stand
über ihm. Riesig! Furcht einflößend! Unbesiegbar!

Da aber geschah etwas Merkwürdiges. Der Drache flüsterte. Ja, er sprach ganz leise mit dem vor Angst zitternden Ritter: „Bitte, töte mich nicht! Ich bin doch nur ein uralter Drache und will niemandem etwas Böses antun. . ."
Zur Schlotterangst kam jetzt noch lähmende Verblüffung hinzu. Für den Drachen wäre es ein Leichtes gewesen, den erstarrten Ritter mit einem Flammenstoß zu grillen und ihn samt seiner Rüstung schmatzend zu verschlingen.

Das alles war, wie gesagt, schon eine geraume Weile her. Mittlerweile hatte sich der kühne Kuni mit dem Drachen regelrecht angefreundet. Der Ritter hütete das Geheimnis wie einen Schatz. Denn er hatte herausgefunden, dass dieser Lindwurm der letzte Feuer speiende Drache auf der ganzen weiten Welt war! Er war uralt. Deshalb konnte er nur noch flüstern. Als Kuni ihn fragte, ob er Feuer spucken könne, flüsterte der Drache: „Ach du meine Güte, das ist lange, lange her!" Und er berichtete, wie ihm sein Großvater erzählte, dass einer seiner Vorfahren das Feuerspeien erfunden habe. Er hieß Fogo und habe deswegen viel Ärger gehabt. Das aber sei in grauer Vorzeit gewesen, als es noch gar keine Menschen auf der Erde gegeben habe. . .

Irgendwie mussten die Dorfbewohner allerdings doch von dem Drachen im finsteren Wald erfahren haben. Der Ritter versuchte die ängstlichen Menschen zu überzeugen, dass der Lindwurm völlig ungefährlich sei. „Ungefährliche Drachen gibt es nicht! Töte ihn!", riefen sie. Da wurde der kühne Ritter zornig und rief: „Ihr glaubt mir also nicht und habt kein Vertrauen! Ich werde euch beweisen, dass der Drache zahm wie eine alte Kuh ist!"

Und der kühne Kuni warf sein Schwert in die Menge, zog seine Rüstung aus und schritt unbewaffnet und ungeschützt in den unheimlichen Wald. Die Burgfräulein und Mädchen des Dorfes blickten ihm besorgt hinterher. Einige brachen in Tränen aus und schluchzten: „Tu es nicht, Kuni, bitte tu es nicht!"

Was dann geschah, erzählen sich die Bewohner des Ortes noch heute. Damals also, vor vielen hundert Jahren, war der Drache aus dem Wald gekommen. Die Menschen flüchteten schreiend in ihre Häuser. Die Neugierde aber trieb sie allesamt an die Fenster. Als sie nun sahen, wie hoch oben auf dem Drachen ein fröhlich lächelnder Ritter Reginald saß, eilten sie wieder ins Freie und jubelten: „Hurra! Kuni hat den grausigen Lindwurm bezwungen! Ein Hoch auf den tapferen Drachenzähmer!!!"

Der Ritter tätschelte den Drachen und flüsterte ihm ins Ohr: „Mach dir nichts draus, alter Freund! Sie werden ihre Furcht verlieren und dich genauso mögen wie ich!"

ÜBERRASCHUNG

Die Waldmäuse Karin, Klaus und Kornelia wurden von ihren Freunden, den Stadtmäusen Sabine und Dirk, liebevoll „die drei K" genannt. Sabine und Dirk hatten eine Vorliebe für Überraschungen. Sie brachten es immer wieder fertig, ihre Waldmausfreunde zu verblüffen.

Einmal luden Dirk und Sabine die drei K in die Stadt ein. Als sie Klaus, Karin und Töchterchen Kornelia am Bahnhof abholten, kamen sie aber selber mit Gepäck an.
„Überraschung!", riefen die beiden fidelen Stadtmäuse.
„Überraschung?", fragten die drei K etwas ratlos.
„Klar, wir fahren mit euch gleich weiter ans Meer! Wir laden euch zu einem Urlaub am Strand ein!"

Am liebsten überraschten die Stadtmäuse die Waldmäuse mit einem unerwarteten Besuch. Gerade dann, wenn es furchtbar langweilig und das Wetter regnerisch und grau war, standen plötzlich die Stadtmäuse vor der Tür. Sie klingelten manchmal in aller Frühe, hatten frische Brötchen fürs Frühstück dabei und – oh Wunder! – oftmals schien ganz plötzlich die Sonne. Sabine und Dirk brachten wirbelnden Schwung in die Familie und wurden vor allem von der kleinen Kornelia innig geliebt.

Eines Tages fragte Karin Klaus: „Könnten wir unsere Freunde nicht auch mal überraschen?"

„Du meinst, wir sollten einfach so in die Stadt fahren?", fragte Klaus zweifelnd.

„Au, ja!", rief Kornelia, „Dann können wir sie auch mal wecken und ‚Überraschung! Überraschung!' rufen, wenn sie verschlafen aus ihren Betten gekrochen kommen!"

Klaus organisierte schließlich alles. Er packte typische Waldmausleckereien als extra Überraschung für die Stadtmäuse ein und kaufte eine preisgünstige Familienfahrkarte. Die Reise dauerte zwar lange, doch für Kornelia war es trotzdem spannend. Sie genoss es, aus dem Zugfenster zu schauen und die große, weite Welt vorbeiziehen zu sehen.

Endlich standen die drei K vor der Stadtwohnung von Sabine und Dirk. Sie klingelten und klingelten, aber niemand öffnete die Tür.

„Herrje! Die schlafen aber tief!", sagte Klaus, während Karin Sturm klingelte und kräftig gegen die Tür klopfte. Da schaute aus dem Nachbarhaus die etwas übel gelaunte Kanalratte Poofi aus dem Fenster und rief: „Machense nich so ’n Krach! Da könnense lange klopfen, die wollen irgendwelche Freunde aufm Land mit ihrem Besuch überraschen!"

Zur gleichen Zeit versuchten Sabine und Dirk die Aufmerksamkeit der Waldmausfamilie zu erregen. Sie klingelten, riefen „Huhuuh!" und „Hallo! Wir sind's! Überraschung!".

Endlich meldete sich das Waldmausfräulein Miri aus der Nachbarschaft und sagte: „Ach du grüne Petersilie! So ein Pech! Die drei sind in die Stadt gefahren, um euch auch einmal zu überraschen!"

Da bimmelte Sabines Handy. Klaus rief an und sagte: „Vielleicht sollten wir uns in Zukunft doch lieber verabreden. So eine Überraschung kann halt doch leider mal danebengehen." Und sie vereinbarten, sich auf halbem Wege zum Picknick zu treffen. . .

OMA KÜMMERT SICH

Es gibt Tage, da geht einfach alles daneben. Es fing damit an, dass Mama in der Nacht krank wurde. Morgens war sie zu schwach, um aufzustehen. Also musste Papa das Frühstück für Inga und Oliver machen. Das ging ziemlich schief, weil Papa wenig Ahnung vom Frühstückmachen hatte. Er schaffte es dann trotzdem, Inga in den Kindergarten und Oliver auf den Schulweg zu bringen. Zur Arbeit kam er natürlich zu spät. Das war aber erst der Anfang!

Kaum waren die Kinder wieder zu Hause, ging Oliver zum Fußballtraining. Aber bereits nach einer halben Stunde brachte ihn der Trainer mit einem dick verbundenen Fuß und erklärte der kranken Mama: „Wir mussten mit Oliver zum Arzt gehen. Er hat eine Zerrung und soll erst mal im Bett bleiben!"

Als Papa von der Arbeit kam, war Inga an der Reihe. Sie schaffte es, so unglücklich hinzufallen, dass ihre beiden Hände verbunden werden mussten.

„So, nun ist das Sanatorium voll!", sagte Papa und versuchte witzig zu sein. Aber nichts konnte die drei Patienten zum Lachen bringen.

„Ich werde Oma holen. Sie ist unsere letzte Rettung", sagte er und eilte zum Telefon.

Oma war tatsächlich die letzte Rettung. Kaum war sie im Haus, da übernahm sie das Kommando wie ein Kapitän auf einem vom Sturm gebeutelten Schiff. Zunächst tröstete sie Mama: „Mach dir keine Sorgen, ich kümmere mich um alles!" Danach schickte sie Papa in die Küche und sagte: „Beste Gelegenheit, ein perfekter Hausmann zu werden! Nur zu, Robert!"

Währenddessen jammerten Inga und Oliver in ihren Betten. Es sei alles so gemein und sie hätten Schmerzen und sie wollten eigentlich lieber spielen! Aber was könnte man schon spielen mit kaputten Händen und schmerzendem Fuß! Und es sei so langweilig! Und überhaupt!
„Und überhaupt was?", fragte Oma.
Ach, es sei einfach furchtbar, im Bett zu liegen und nichts tun zu können!
Da sagte Oma: „Haltet durch! Sobald euer Papa in der Küche soweit ist, dass er einen Kochlöffel von einer Bratpfanne unterscheiden kann, kümmere ich mich um euch!"

Es dauerte nicht lange, da erschien Oma mit einem Buch bei Inga und Oliver und sagte: „Macht es euch gemütlich, Kinder, jetzt werden Geschichten vorgelesen!"
„Oh, ja! Aber nicht nur eine!", riefen die beiden.
„Klar", lachte Oma, „alle Geschichten in einem Rutsch, und wenn ich fertig bin, fange ich von vorne an!"

„Super! Toll! Prima!" In ihrer Begeisterung hatten Inga und Oliver ganz vergessen, dass sie eigentlich noch kräftig hatten jammern wollen. Als Oma schließlich die zweite Geschichte vorlas, schlummerte Inga bereits. Oliver durfte noch eine dritte Geschichte hören. Dann schlief auch er. . .

Kaum war Papa am nächsten Morgen aus dem Haus, riefen Inga und Oliver: „Oma!!! Kannst du bitte weiter vorlesen?"
Da kam Mama im Morgenmantel angehuscht. Es ging ihr zum Glück schon viel besser, und sie fragte: „Darf ich mich zu euch kuscheln und auch zuhören?"

Oma las eine Geschichte nach der anderen. Irgendwann wurden sie allerdings der Reihe nach müde und fielen in einen gesunden Schlaf. Als Papa heimkam, wunderte er sich über die Ruhe im Haus. Die drei Patienten und Oma schlummerten tief wie die Murmeltiere. Vorsichtig hob er das Buch auf, das Oma aus den Händen geglitten war.
„40 Gute-Nacht-Geschichten" las er und lachte leise: „Die scheinen ja auch am hellen Tag bestens zu funktionieren!"

125